L'homme créé par les dieux solaires

solaires

Gardner F. Fox

Writat

Cette édition parue en 2023

ISBN : 9789359949574

Publié par
Writat
email : info@writat.com

L'HOMME FAIT PAR LES DIEUX DU SOLEIL

Par GARDNER F. FOX

Tyr se tenait sur le sable blanc et chaud et s'étirait. Les chauds rayons jaunes du soleil jouaient sur sa poitrine côtelée et sur les muscles de ses longues jambes et de ses bras épais. Tyr sourit. C'était bon d'être en vie, même s'il était un dieu.

Il se demandait quand ils reviendraient l'adorer à nouveau, envoyant le son doux-amer des cornes de *suota* à travers les déserts argentés et les lacs bleus de Lyallar . Il espérait que ce serait bientôt le cas, car, malgré lui, il avait fini par aimer s'asseoir sur un trône de rubis. D'où il se tenait, regardant à travers l'immensité de la Lord Chamber, il pouvait voir les visages tournés vers le haut de son peuple. Même le visage de rat d'Otho lui plaisait dans des moments comme ceux-là, car le visage merveilleusement beau de Fay lui souriait avec des lèvres rouges. Tyr a offert de nombreux cadeaux à Fay provenant des trésors que les Lyallar lui avaient accumulés. Et il semblait toujours qu'elle en voulait plus, ses yeux marron scintillant comme ceux d'un enfant avide.

Tyr écarta les bras, sentant des millions de minuscules terminaisons nerveuses dans sa peau s'ouvrir pour boire l'énergie se déversant de l'orbe de feu titanesque dans les cieux qu'était le soleil vers la planète Lyallar . Tyr ne mangeait pas de nourriture et ne respirait pas d'air. Tout ce dont il avait besoin pour son existence, il le tirait du soleil.

Alors que l'énergie l'envahissait, le faisant picoter dans chaque fibre de son être, Tyr ressentit à nouveau l'effet de cette énergie sur son cerveau. C'était comme si le pouvoir dont il se nourrissait était si grand qu'il ouvrait les espaces les plus profonds de son esprit de sorte que tout problème n'était plus un problème du tout — tant que le moment durait.

Il avait trouvé la tour de pierre en un instant comme celui-là. Je l'ai vu au début, à des kilomètres de là, debout seul et austère sur le sable argenté. Construit en roche brunâtre, rond comme le tronc d'un arbre, c'était quelque chose de nouveau pour celui qui avait exploré tous les endroits étranges de cette planète. Tyr y avait couru, testant ses pieds rapides. Il aurait pu distancer une douzaine de guépards, les uns après les autres, se pourrait Tyr. Il était plus que rapide. Il était inhumain.

Le verrou était facile à briser avec toute cette énergie qui l'inondait. Il le prit simplement dans ses grandes mains et ses muscles se tordirent et se gonflèrent, et le métal rouge écaillé de la serrure se brisa. D'un plat de la main, il poussa la porte et entra. Il faisait sombre et frais à l'intérieur, et au début Tyr n'aimait pas ça.

Il y avait des objets étranges tout autour de lui, certains en verre, d'autres en métal. Il y avait ici des courbes, des cônes et des tiges vibrantes de l'épaisseur du petit doigt d'un homme. Et des livres ! Même les bibliothèques du Trylla ne contenaient aucun livre comme celui-ci. Il en souleva un et le parcourut, et découvrit que son esprit le comprenait, sachant ce que signifiaient ces termes et symboles, sans réfléchir. Son esprit effrayait parfois Tyr. Cela ne faisait presque pas partie de lui. C'était comme si tous les hommes et les femmes qui avaient été ses ancêtres avaient laissé un petit quelque chose d'eux-mêmes dans sa composition, afin que leurs connaissances et leur expérience puissent guider leur descendance.

Tyr a passé de nombreuses heures dans cet endroit étrange. C'était un changement par rapport aux déserts et au trône de rubis. Peu à peu, au fil des années, il a découvert qu'il acquérait une éducation à partir des livres et des objets en verre et en métal.

Suu- ohhh - taaaa !

Les notes du clairon sonnaient douces et claires. Ils redressèrent Tyr, l'étrange anneau attaché à son cou rebondissant sur sa poitrine. Il regarda vers l'horizon sombre, où se trouvait Yawarta , la ville au trône de rubis.

C'était l'appel au dieu des Lyallar . Tyr courait facilement, comme une machine parfaite qui ne se fatiguait jamais. À travers le sable blanc et à travers la forêt étrange dans laquelle tous les arbres ressemblaient à des flocons de givre, blanc argenté au soleil. Au cœur de la forêt se trouvait une piscine azur, son bleu contrastant de manière saisissante avec l'argent de la forêt.

Les tours de Yawarta étaient minces et sombres au-delà des champs herbeux. Comme des gouttes de sang sur un oreiller de satin, ils couvaient, rappelant à la race tryllane qu'ils étaient les esclaves de la *terre* qui habitait bien au-delà de l'étoile la plus proche.

Une jeune fille se tenait devant une porte dorée alignée avec le flanc de la colline.

« Fay ! »

"Ne parle pas de ta vie!" elle gémit.

Ils restèrent silencieux, respirant doucement. Tyr entendit alors les voix, des voix dures, où les Tryllans parlaient en syllabes musicales.

"La *terre* ! Ils sont revenus ?"

"Oui. Ils jurent de te tuer, Tyr. Ils te traquent maintenant, le long des tunnels jusqu'à la porte."

Tyr se pencha et balança la jeune fille haut sur sa poitrine, souriant. "Ils n'attraperont jamais Tyr."

Tyr se mit à courir. Ses jambes se sont estompées avec la vitesse de ses mouvements. Il s'avança le long de la pente herbeuse, puis la descendit, puis courut librement dans les plaines. Il entendit le halètement de Fay alors qu'elle prenait conscience de son allure. Elle enfouit sa tête contre son épaule pour respirer, et ses cheveux jaunes fouettaient et piquaient son visage lorsque le vent les secouait.

Pendant quatre heures, Tyr a couru sans avoir besoin de respirer. Lorsqu'il fit tomber la fille, il était aussi calme que s'il avait bougé de trois pieds. Fay le regarda avec des yeux marron chaleureux.

"Vraiment tu es un dieu, Tyr. Seul un dieu peut courir sans effort."

"Pas de dieu. Seulement—seulement—"

Il s'arrêta. Il n'avait pas de mot pour se décrire. Les Trylla non plus , sauf « Dieu ». Ainsi, il était devenu Dieu, à contrecœur ; Pourtant, il était vaguement conscient qu'il était unique parmi les hommes, qu'il était seul.

"Nous sommes loin des Anciens, des *Arth* , ici", dit-il. "Il serait facile de s'attarder ici dans les déserts jusqu'à ce qu'ils soient partis."

Fay s'agitait avec inquiétude et disait : "Je ne veux pas rester dans les déserts. Ce sont des endroits nus. Pas de monde, pas de rires."

"Je ne t'en veux pas. Il doit y avoir quelque chose que je puisse faire."

Il frotta ses mains sur la douce fourrure blanche qui enserrait ses hanches. Une colère brûlante le battait, faisant gonfler ses narines. Les anciens! Ils étaient revenus à Lyallar , où régnait Tyr ! Les maîtres des planètes et des confins de l'espace étaient revenus. Il en était un, et les *autres* étaient nombreux. Individuellement, rien ne pourra jamais le vaincre. Mais un contre une course ! Il secoua la tête.

"Tu pourrais les combattre, Tyr. Tu es un dieu. Que peuvent te faire les Anciens ? Il n'y a aucun moyen de te tuer. Parfois, un assassin a essayé, alors que tu étais assis sur le trône de rubis. Mais personne n'a jamais réussi. ".

C'était vrai. Pourtant, il ne lui a pas dit que sa propre vitesse surnaturelle l'avait sauvé. Cela n'avait aucun sens de tester le destin en se laissant frapper par une arme. Il savait subtilement qu'il pouvait être immunisé contre certains types de missiles, mais il n'en était pas sûr.

"Tu pourrais entrer dans Yawarta et les tuer tous, Tyr," dit doucement la jeune fille, l'observant attentivement de ses yeux marron. "Alors nous pourrions retourner au bon vieux temps. Tu pourrais me donner le collier d'émeraude que je veux."

Tyr s'interrogeait sur la cupidité dans les yeux marron. Cela le dérangeait. Mais cela ne le dérangeait pas autant que les pensées des Anciens. Penser à eux lui fit naître un désir de combat qui monta en rouge et comme une brume dans sa grande poitrine. Comment dire cette chaleur en lui, là où ses tripes devraient être, mais ne l'étaient pas, et qui faisait battre son cœur de fureur ? Pourtant, malgré sa rage, il était alerte et prudent comme un chat qui traque. Il ne pouvait pas dire cela à Fay ; elle voulait qu'il entre sans arme dans Yawarta et fasse exploser la *terre* avec une sorte de pouvoir surnaturel.

Il se promenait sur le sable blanc, ruminant ses pieds en mouvement. Il chercha les mots dans son esprit, trébuchant et s'arrêtant.

"Fay, les Trylla ont fait de moi un dieu. Maintenant, je sais que je ne suis pas un dieu. Je ne suis pas un dieu comme le disent les légendes des cultes Tryllans , en tout cas. Je ne suis qu'un homme. Un être humain, qui est un peu un monstre."

Il y avait un sourire patient sur la bouche rouge de la jeune fille. Elle secoua la tête et ses doux cheveux jaunes tombèrent autour de ses épaules nues.

"Nous en avons déjà parlé, Tyr. Tu dis toujours que tu n'es pas un dieu, puis tu te retournes et fais ce que seul un dieu peut faire."

Tyr soupira. "Peut-être que je suis un dieu. Peut-être que je m'attends à ce qu'un dieu soit trop. Mais ce n'est pas exactement le problème. C'est ceci : les Trylla m'appellent dieu , peu importe comment je m'appelle. Par conséquent , je dois agir comme un dieu, pour eux. »

Fay hocha la tête, les yeux marron fixés sur lui.

Tyr dit lentement : « Un dieu ne laisserait pas les oppresseurs agresser son peuple, n'est-ce pas, Fay ?

"C'est exactement ce que j'ai dit. Vous devez aller à Yawarta et tuer et tuer..."

"Non. Non, je ne pense pas que ce soit ce qu'un dieu ferait."

Fay fronça légèrement les sourcils. Elle donna un coup de pied à un morceau de sable et le regarda s'effondrer. Elle passa un doigt dans ses épais cheveux jaunes et les fit tournoyer.

" Bien sûr que tu as peut-être raison, " dit-elle acerbe. "Je ne connais pas la voie des dieux."

"Moi non plus," fronça Tyr. "Mais, au fond de moi, quelque chose dit qu'il existe un autre moyen. Si je peux convaincre les *gens* que je peux les vaincre, les écraser d'une manière ou d'une autre, alors quel serait le triomphe d'un dieu."

"Cela pourrait prendre beaucoup de temps. J'aimerais beaucoup avoir ce collier d'émeraude. Otho a dit qu'il avait été porté par la reine Yatha-sath il y a deux mille ans. S'il te plaît, Tyr ?"

Elle s'approcha de lui, chaleur parfumée et peau douce et blanche. Sa bouche était très rouge. Mais Tyr détourna le regard en fronçant les sourcils.

"Les Anciens tirent leurs pouvoirs d'une chose appelée science," dit-il lentement. " C'est écrit dans un livre de la Tour. Si je pouvais apprendre cette science, je pourrais les vaincre avec leurs propres armes. Mais cela prendrait beaucoup de temps. De nombreuses années. "

Il leva les yeux vers le soleil et sourit doucement, sentant ses rayons chauds baigner sa poitrine, ses bras et ses cuisses. Comme des bulles d'air jaillissant de l'eau, il sentit la force endormie de ses muscles. Il avait de la force. Un homme fort peut se battre avec ses mains et avec ses jambes. Il se battrait.

Il se tourna brusquement vers Fay et demanda : « Quel est le Tumulus dont les Trylla parlent souvent ? Où est-il ?

"Le Barrow est la fierté des Trylla . Sans lui, il n'y aurait aucun espoir."

"Oui, oui. Je sais. Mais qu'est-ce que *c'est* ?"

"C'est l'endroit caché où sont stockés tous les secrets de guerre de la race. Lorsque la dernière invasion des Anciens a eu lieu, il y a près de cent ans, toutes les connaissances accumulées des Tryllans conquis ont été mises sous clé de peur que les Anciens ne les détruisent. il."

"Pourriez-vous trouver le Tertre ?"

Fay frémit. Tyr la regarda, vit ses doigts bouger dans ses cheveux jaunes, regarda avec un doux sourire les dents blanches mordiller la lèvre rouge. Il étendit ses grandes mains et lui tint les bras.

"C'est pour le Trylla que je demande."

"Je—je sais. Je peux trouver le Barrow." Son menton se leva avec défi. "A quoi servent les vieilles légendes si elles font de ceux qui les entendent des mauviettes et des lâches ? Mieux vaut mourir courageusement que de se terrer comme la *punaise* au premier cri du chat chasseur !"

Tyr lui sourit, se demandant si elle croyait en ses propres mots. Elle était si charmante, si puérilement avide de jolies choses, si – il fronça les sourcils à cette idée – si inconsciemment égoïste, enveloppée dans ses propres intérêts, que des termes abstraits comme courage et lâcheté semblaient étrangers à sa langue. Ses yeux marron le regardèrent flirter sous leurs longs cils et captèrent son sourire chaleureux.

Elle marmonna d'un air maussade : "Le Barrow est à cinq jours de voyage du Désert des Morts, et cela se trouve à deux jours d'ici."

"Si près?"

"Une grande partie du voyage se déroule à travers de terribles déserts, et le reste se déroule à travers des barrières montagneuses insurmontables. Le Barrow se trouve au sommet de la plus haute montagne de toute la planète."

"Cela rend encore plus difficile pour les Anciens de le trouver", a déclaré Tyr.

"Les Anciens peuvent voler. Les Trylla doivent marcher. Nos monorails ne circulent que dans les villes. Oh, Tyr, la seule façon de gagner est d'entrer dans les chambres de Yawarta et de détruire la *terre dirigeante* . Vous ne pouvez le faire qu'avec d'autres. chemin!"

"Si Harl l'Ancien vit encore", rêva Tyr, "il pourrait m'aider à combattre. Il était le plus grand des guerriers Tryllans . Il y a des rumeurs selon lesquelles il vit dans le Tertre. C'est pourquoi je dois le trouver. J'ai besoin de Harl . ".

La jeune fille mordilla sa bouche rouge d'un air maussade, disant : "Je ne vois pas pourquoi tu ne fais pas ce que je dis. De cette façon, tu accéderais au pouvoir plus rapidement. Nous n'aurions pas à partager la gloire avec Harl." ".

"Les *ardths* ne sont pas des quilles qui tombent sous le balancement d'un bras, Fay. Ce sont des hommes dangereux. Des hommes sages avec assez de sauvagerie dans le sang pour les rendre vicieux."

Tyr savait qu'il ne pourrait jamais espérer entrer vivant dans les chambres secrètes de la *Terre* . Il connaissait ses limites. Il était humain, d'une certaine façon. Il saignait lorsqu'il était coupé et il souffrait lorsqu'il était meurtri. Et la *terre* —

Les *Arths* étaient une race étrange. C'étaient des nomades qui parcouraient les traces des étoiles à bord de grands vaisseaux qui traversaient un pont spatial d'une planète à l'autre. Jamais heureux longtemps, ils ont été rongés par une agitation cancéreuse qui les a poussés encore et encore, jusqu'aux confins des galaxies, chassant toujours.

Ils avaient aussi des planètes natales, mais ils étaient rarement chez eux. Au lieu de cela, ils ont choisi de s'enfermer dans des vaisseaux de métal et de se jeter entre les soleils. Au lieu d'herbe verte et d'arbres, leurs fenêtres donnaient sur l'obscurité, soulagée uniquement par des points scintillants qui étaient des étoiles et des piqûres d'épingle constamment brillantes qui étaient des planètes inexplorées.

Il y a cinq cents ans, ils étaient arrivés à Lyallar . Les Tryllans , alors une grande race, les avaient combattus âprement et les avaient chassés. Trois cents ans plus tard, ils sont revenus ; cette fois, ils sont venus pour la guerre. Cette guerre dura soixante-douze ans et, à sa fin, les Tryllans étaient une race brisée. Et cette fois-là, les Anciens sont restés, ou plutôt leurs villes sont restées – ainsi que la Lueur.

Personne ne savait vraiment ce qu'était le Glow. Cela rendait les Anciens puissants et était aussi étroitement gardé par eux que le Tumulus l'était par les Trylla . Sans la lueur, la *terre* n'était rien. Ils ont caché le Glow au plus profond de leur plus grande ville, qu'ils ont nommée Mart.

"Si nous pouvions aller à Mart et trouver ce Glow", dit brusquement Tyr, sorti de sa profonde réflexion.

Fay rit amèrement, "Le Barrow que l'on peut trouver en descendant une pente, comparé à trouver le Glow et à l'utiliser."

Tyr grogna. C'était dur d'être un dieu.

Parfois, il aurait souhaité être comme les autres hommes, car alors il n'aurait personne à protéger, ni Anciens avec qui se battre pour une race qui se tournait vers lui pour le guider. Il avait souvent pensé que les Anciens pouvaient être des dieux, mais il savait qu'aucun d'entre eux ne pouvait faire ce que lui pouvait faire.

Sa divinité l'a poussé à dire : « Trouvons le Barrow et Harl . »

— Harl est vieux, très vieux, répondit la jeune fille. "Il est si vieux qu'il doit être un gaffer gâteux maintenant."

"Mais son cerveau serait jeune", argumenta Tyr. "Et c'est le cerveau entraîné à la guerre auquel je demande de l'aide."

La jeune fille s'est assise sur un rocher, a défait une sandale et en a secoué le sable. Elle haussa les épaules avec irritation et attacha sa sandale. "Faut-il y aller maintenant ? Il fait presque nuit."

Tyr regarda le soleil bas sur l'horizon. Tyr n'aimait pas voyager de nuit. Il préférait les journées chaudes, où les rayons du soleil frappaient avec une chaleur insistante son torse et ses épaules bronzés. Mais il fallait se dépêcher. Les Anciens ne se sont pas arrêtés dans l'obscurité, et lui non plus.

"Viens," dit-il brièvement.

Au début, le chemin était facile. Dans la lumière rouge du soleil mourant, ils voyaient le sable devant eux, chacun se soulevant et s'inclinant façonné en courbes gracieuses par les vents qui fouettaient les terres arides nuit et jour. Ils allèrent doucement, rapidement.

Lentement, les étoiles apparurent dans le ciel qui s'assombrissait au-dessus d'eux. Et, comme c'est le cas pour les voyageurs du monde entier, ils sont devenus silencieux et plus intimes dans leurs pensées tacites. Une ou deux fois, la main de Fay effleura celle de Tyr, et il l'aida à franchir les dunes les plus hautes.

Sur un dur tourbillon de sable, ils se tenaient proches. Fay murmura : « Toutes ces étoiles, Tyr. On pourrait penser que les Anciens se contenteraient d'en avoir autant. Ils pourraient laisser Lyallar tranquille !

Tyr fut surpris par l'émotion qui l'habitait. C'était presque une sympathie pour les oppresseurs nomades.

"Ils ont de la curiosité. Je l'ai moi-même. J'ai vécu dans tous les déserts dont Lyallar peut se vanter, mais je suis toujours à la recherche d'un désert plus grand et plus chaud. Peut-être que les Anciens sont comme ça."

Il baissa les yeux sur la jeune fille, souriant avec nostalgie à la beauté pâle de ses cheveux, au brun chaud de ses yeux. Il frissonna en la regardant. Il avait tellement envie d'emmener Fay et de sortir avec elle dans le désert, loin de tout ce qui sentait la divinité. Ils pourraient aller à la Tour et y vivre en toute sécurité. La *terre* ne le trouverait pas là-bas. Il n'y aurait personne pour lui dire oui ou non. Si... c'était un dieu !

Tyr soupira et se détourna de la bouche rouge de Fay et regarda les dunes sans fin. Une voix intérieure murmura : *Les Trylla ont besoin de toi, Tyr. Vous êtes leur dieu, et un dieu ne s'enfuit pas. Quand un dieu est-il plus nécessaire qu'en période de difficulté ? Vous ne pouvez pas les quitter, car ils sont comme des enfants. Vous devez vous battre.* Il hocha la tête dans l'obscurité, d'un air sombre.

Côte à côte, ils continuèrent leur route toute la nuit. Et maintenant, ils se séparèrent, comme si cette décision était une séparation définitive. Les mots étaient inutiles. Les Trylla avaient besoin de Tyr.

C'était l'aube lorsqu'ils virent les autres marcher péniblement sur un banc de sable lointain. Tyr cria et leur fit signe de la main, les invoquant. Traînant leurs membres endormis, ils arrivèrent, vêtus de vêtements déchirés et avec des taches et des traînées de saleté sur leurs visages décharnés. Ils se tenaient devant lui, et dans leurs yeux il y avait l'éclat sourd du désespoir et dans leurs voix l'acceptation maussade de leur sort.

"Nous avons fui après avoir vu arriver les navires *de terre* ."

"Mais ils nous trouveront. Nous voulons juste encore quelques jours de liberté."

"Tout Yawarta leur est captif. Ils ont nommé Otho gouverneur et jeté Zarman , que vous avez nommé dirigeant, dans les cellules."

"Et ils ont envoyé des ordres pour que vous leur retourniez immédiatement. Ils ont offert des récompenses."

Tyr sourit sans joie, secouant sa tête fauve. Un retour signifiait la torture, voire la mort. Si les Anciens pensaient suffisamment à lui, ils pourraient le nourrir à la Lueur.

Il dit : "Fay et moi sommes à destination du Barrow. Nous trouverons Harl et l'appellerons pour diriger de nouvelles armées contre le *monde* . Rejoignez-nous. Nous gagnerons."

"Nous ne pouvons pas gagner... seuls."

Ils le regardaient avec des yeux ternes dans lesquels de minuscules flammes d'espoir jaillissaient et vacillaient, puis s'éteignaient. Ils remuèrent les pieds. Ils semblaient assez fatigués pour tomber, et les semelles nues de plusieurs gouttes rouges saignèrent dans le sable.

"Dors," dit doucement Tyr. "Tu as besoin de repos. L'aube se lève et je peux continuer au soleil pour examiner le chemin devant nous."

Il entraîna Fay avec lui, sur la crête d'une dune. Ses doigts se levèrent pour toucher le cercle d'or terne qui brillait sur la chaîne autour de son cou. Lentement, il le détacha tandis que Fay le regardait fixement. La bague faisait partie de lui, car il la portait depuis toujours. Maintenant, il voulait que Fay le porte. Cela lui blessait les côtes lorsqu'il courait, ou rebondissait sur son dos et contre sa mâchoire. Mais plus encore, tous les Tryllans connaissaient cette bague. Ce serait un symbole de pouvoir entre les mains de Fay.

"Utilisez-le bien", dit-il en fermant ses doigts blancs.

Ses yeux marrons étaient écarquillés et le regardaient. Tyr étendit les mains et lui attrapa les bras au-dessus de ses coudes. Il la tint ainsi, juste en regardant sa beauté, pendant un long moment.

Et puis il se retourna et courut rapidement, de peur que le tonnerre sourd de son sang ne brise les résolutions que son cerveau avait si fermement soudées.

Le sable glissa derrière lui tandis que le vent passait la flèche dans son vol. L'air était frais sur sa poitrine et sur ses cuisses puissantes qui ondulaient de muscles tandis qu'il courait. Le soleil le frappait, le laissant dans sa chaleur. Il est devenu fort et puissant à mesure que les cellules de sa peau aspiraient de l'énergie.

Cours, Tyr. Courez de plus en plus vite, afin que les pensées qui pullulent dans votre cerveau puissent être laissées de côté. Tu es un dieu et une fille nommée Fay n'est pas pour toi. Tu n'as que des hommes *durs* , Tyr. Ce sont vos ennemis, et ils doivent être vaincus !

Mais comment? Mais comment? Son cerveau hurlait de désespoir. Ils sont tellement nombreux. Ils connaissent les sciences et ont des armes. Vous avez deux mains nues et un corps fort, un corps étrange, un corps qui vous fait parfois peur, c'est tellement différent.

Quelque chose s'enfonça dans le sable devant lui et explosa. Tyr fit un écart comme un faune effrayé et s'arrêta. Quelque chose d'autre explosa un peu plus près de lui. De durs grains de sable lui piquaient la chair.

Il les vit alors dans le ciel. Trois avions élégants avec des ailes tronquées et un long fuselage d'où jaillissaient de minuscules reflets rouges.

La *souffrance* !

Tyr baissa les mains sur ses côtes, les lèvres tordues. Par le dieu qu'il était censé être ! Il leur montrerait une course, même s'ils savaient voler et lui ne savait que courir.

Le soleil était chaud et brûlant. Bien! C'était son allié, cet immense orbe. Tant qu'il brillait, ils ne purent l'attraper.

Tyr a couru.

Son rythme était flou. Son vol était celui de l' oiseau *kala* sifflant devant le faucon. Il a fait un écart et il a dardé, et il a ridiculisé les hommes dans les objets brillants au-dessus et derrière lui. C'était une chose incroyable qu'il avait faite, mais Tyr était un être incroyable. Les règles n'étaient pas faites pour lui, car celui qui les établissait ne savait rien de Tyr. Il a dépassé ces avions.

Toute la journée, tandis que le soleil brillait sur lui, Tyr volait. Vaguement, il réalisa qu'il était une chose d'énergie vivante et fonctionnelle – pas d'énergie pure, mais une énergie traduite en puissance humaine.

Pourtant, il était humain et les aviateurs étaient des machines. Il les a perdus parmi les rochers, mais l'avion s'est propagé en cercles de plus en plus larges et l'un d'eux l'a retrouvé. Et donc Tyr a continué à courir. Une ou deux fois , il trébucha, vers la fin de la journée. Le tonnerre des avions à réaction résonnait fort à ses oreilles. Ils descendirent en piqué, projetant de longues ombres devant eux.

Il n'y a plus eu d'explosions. Ceux-ci s'étaient arrêtés une fois qu'il avait commencé sa course folle. Il pensa : « Au moins, Fay et les autres sont en sécurité. J'ai mené la *terre* loin d'eux. Les muscles de ses jambes se durcissaient, se nouaient. Ils devinrent lourds et inertes.

Tyr chancela.

Les avions avaient atterri et les hommes venaient le chercher. Les étoiles et les barres sur leurs vestes devenaient de plus en plus grandes tandis qu'il se levait et attendait. Sa poitrine ondulait de sueur et ses longs bras pendaient de chaque côté de son corps géant.

Il pourrait se battre et mourir ici, avec la lune commençant à se lever devant lui et le désert de sa course derrière lui. Son corps déversait à nouveau de l'énergie dans son système et ses muscles devenaient moins lourds.

"Par Kagan!" » jura le premier *homme* en le regardant avec des yeux ronds par-dessus la bouche d'un fusil levé. "Qui es-tu, mec ? *Qu'est-ce que* tu es ?"

"C'est leur dieu", dit un autre d'une voix rauque, évaluant Tyr d'un œil entendu.

"Pas étonnant", grogna le troisième en rengainant son arme. « Un dieu comme lui me trouverait parmi ses fidèles ! Ils ne nous croiront jamais sur Rigel-7 !

« Est-ce que vous cédez ? demanda le premier.

Ils ne semblaient pas si effrayants, de près. Ils étaient comme Tyr. C'étaient des hommes, plus petits que lui, mais des hommes. Il pourrait tous les tuer, ici et maintenant, mais…

Il avait le désir de voir davantage de ces *choses-là* . Peut-être pourrait-il raisonner leur commandant, trouver une sorte de compromis. Il ferait n'importe quoi pour sauver le Trylla . Fay et les autres étaient en sécurité. Laissez-les aller au Barrow. Il saurait où les trouver lorsqu'il s'échapperait du *monde* . Et il s'échapperait. Aucune prison n'a été créée pour contenir Tyr.

Il dit lentement : « Je cède. J'irai avec toi.

Dully, malgré tous ses espoirs et ses projets, il se savait un échec complet et total en tant que dieu.

Ses cheveux étaient noirs comme le bout de l'aile d'un corbeau, séparés au milieu et tirés en arrière sur de petites oreilles. Elle avait des yeux noirs et une large bouche cramoisie qui ne cessait de lui sourire doucement. Elle se tenait au milieu des hommes *masqués* qui le regardaient fixement en écoutant les voix des aviateurs qui l'avaient capturé.

Tyr se sentit mal à l'aise sous son regard constant. Il bougea les pieds, se sentant ridicule, dominant si haut les petits pilotes. Il avait l'impression qu'ils se moquaient tous de lui. Quel dieu il était ! Pas étonnant qu'ils se moquent de lui en secret. Un dieu qui était le protecteur de sa race, permettant la capture par trois pilotes qu'il aurait pu tuer de trois coups de ses grandes mains.

Les yeux et les moqueries des hommes ne le dérangeaient pas, mais les yeux fermes de la femme…

Oublie-la et regarde autour de toi, Tyr. Il s'agit d'une pièce des Anciens, avec ses fenêtres en verre argenté et noir s'arquant à une trentaine de mètres le long du mur, et son motif d'aigle à capuchon gravé dans la pierre et le bois. Une chaise à haut dossier était vide sur une tribune tandis que l'homme qui la remplissait habituellement se tenait avec les autres, le regardant. C'était une richesse, depuis les inestimables rideaux de damas rouge aux fenêtres jusqu'aux carreaux posés à la main sous ses pieds.

C'était inutile. Ses yeux sombres étaient trop fixes.

"Un mensonge", dit calmement l'un des Anciens. "Aucun homme ne pourrait faire ce qu'il a fait."

"Ce n'est pas un homme, sire. C'est celui que les Trylla vénèrent. C'est... Tyr !"

Ils ont commencé par là. Le pilote avait intelligemment raconté son histoire. Il sourit d'auto-appréciation tandis que les murmures et les cris le récompensaient. Tyr connaissait l'examen minutieux des yeux sous les sourcils tirés. Ils l'ont mangé, ces yeux. Surtout les yeux de la femme.

Un homme mince, chauve et à moustache gris fer, s'avança et contourna Tyr, ses yeux brillants le sondant. Secouant la tête d'un air dubitatif, il dit : « Katha, tu es notre experte en biochimie. Est-ce possible ?

La femme aux cheveux noirs s'approcha de lui en se balançant gracieusement.

"Je dois faire des tests, Space Commander", dit-elle, et Tyr aimait le dynamisme rauque de sa voix. Cela lui envoya des picotements dans le dos. Mais peut-être que c'était ses yeux noirs qui lui souriaient alors qu'elle demandait : « Est-ce vrai, ce qu'il dit ?

"Oui, c'est vrai. J'ai dépassé leurs avions. J'aurais pu les tuer, mais je ne l'ai pas choisi."

"Alors pourquoi tu ne l'as pas fait ?" elle a souri.

"Parce que je... montre-moi à ton commandant. Je veux traiter avec lui. C'est pourquoi j'ai été capturé. J'offrirai paix pour paix. Tout ce que je demande..."

L'homme maigre au crâne chauve se tourna devant Tyr et le regarda avec des yeux froids.

"Je suis le commandant de l'espace Ronald Mason", dit-il catégoriquement. "Je suis responsable de la Force Expéditionnaire Spatiale auprès du Cluster Fornax. Vous offrirez la paix ? Mais il n'y a pas de guerre."

Tyr retint le grognement dans sa gorge alors qu'il répondit : "Mais il y aura la guerre, à moins que les *Arth* ne soient prêts à traiter avec moi pour la liberté des Trylla ."

Mason sourit, mais Tyr vit des taches de passion au fond de ses yeux bleu glacier. "Les Trylla sont une race libre."

Tyr dit patiemment : " Les Trylla m'adorent. Ils pensent que je suis un dieu. Je sais, et vous savez, que je ne suis rien de tel. Pourtant, je les aiderais, si je le pouvais. Vous ne pouvez pas me garder ici, si je chercher à m'échapper. Je peux plonger cette planète dans la guerre la plus sanglante que vous ayez jamais vue. Mais je ne veux pas faire cela. Je ne cherche que la paix. La paix, et une sorte de fierté pour les Trylla , afin qu'ils puissent à nouveau tenir leur rang. têtes—"

Mason intervint : "Un désir louable. Mais les Trylla sont tout à fait satisfaits. Otho me dit qu'ils ne feront aucun problème. Quant à votre vaine vantardise de vous échapper..."

Le commandant de l'espace Mason fit un geste et se détourna en disant : " Testez-le, Katha. Voyez pourquoi ses réponses diffèrent si loin de la norme. "

La colère rouge battait Tyr en pulsations croissantes . Il se mordit la lèvre et remonta jusqu'au bout de ses orteils. Ses muscles se tordaient. Il-

Une main froide toucha son avant-bras. Les yeux noirs étaient de nouveau là, et la bouche rouge lui souriait.

"Les tests ? S'il vous plaît ?"

Tyr se lécha les lèvres, confus. Il regarda la *terre* , puis la jeune fille, dont les yeux sapaient la rage folle de son cœur. Il a répondu : « Oui, les tests. »

"Suis-moi."

La chambre était grande et blanche et incroyablement propre. Chrome et pâte à modeler brillaient et brillaient sous le plafond blanc bleuté qui diffusait une douce luminosité dans tous les recoins. Un appareil à fluoroscope se trouvait contre le mur nord. Sur les tables étaient posés des scalpels, des aiguilles et des rouleaux de coton. Les machines à rayons électroniques , les microscopes et les cyclotroncancéreux regardaient au-delà d'eux. C'était la science biochimique des Anciens à l'intérieur de quatre murs.

Katha ferma la porte derrière elle et ôta sa cape noire. Elle était vêtue d'un chemisier noir avec une étoile et une barre en argent enfilées dans le tissu. Un pantalon moulant, blanc, lui donnait une allure épurée.

"Soyez à l'aise, s'il vous plaît. Cela ne fera pas de mal, ce que je m'apprête à faire."

Tyr la regarda faire rouler une grosse machine, la vit enfoncer une aiguille avec un manche dans un pot de liquide blanc. Elle le vit la regarder et rit doucement.

"Tu es comme un animal en cage. Tu n'aimes pas les murs, n'est-ce pas ?"

"Non, je préfère le désert."

"Tu as passé toute ta vie dans le désert ?"

"Tous. Depuis que je suis petit."

Elle se détourna du coton qu'elle était en train de dérouler pour le regarder pensivement sous ses longs cils noirs.

"Un garçon. Et tes parents ?"

"Je ne m'en souviens pas, s'il y en avait à retenir. La première chose dont je me souviens, c'est le sable sous mes pieds et la course. Le soleil a toujours été mon ami. J'aime le soleil. Il me nourrit. Je n'ai besoin de rien pour exister. , autre que le soleil."

Sa main gauche était chaude à l'endroit où elle touchait son poignet. Le coton humide fut rapidement balayé sur sa chair.

"Je me souviens de beaucoup de choses de ma jeunesse. Des choses sans rapport, comme le premier jour où j'ai trouvé le lac bleu et la forêt argentée. Le jour où j'ai tué un *panthère* à mains nues. La première nuit où j'ai vu les étoiles et les ai reconnues. pour ce qu'ils étaient."

Katha lui prit la main et dit : « Je vais prélever du sang. Ça va faire un peu mal. Alors que le liquide rubis coulait de son poignet, la femme continua de parler. "Et tu ne te souviens de rien au-delà de ça ? Seulement que tu étais un garçon et que tu as grandi ?"

"Seulement ça. Il m'a fallu de nombreuses années avant de voir un autre... humain. Les Trylla ne sont pas des habitants du désert. Ils aiment leurs villes. Mais j'ai vu une caravane et je me suis approché pour l'examiner, et quand les gardes m'ont vu, J'ai couru si vite qu'ils ont lancé des rumeurs."

Sa bouche sourit avec amusement alors qu'elle traversait la pièce.

"Pas étonnant. Un homme capable de distancer trois avions est un sacré coureur."

"C'est à partir de là que commencèrent les histoires sur moi. Un chasseur tirait et manquait. C'est ainsi qu'est née ma légende d'invincibilité. Après de nombreuses années pendant lesquelles j'ai découvert la Tour, ils m'ont envoyé une délégation pour me demander d'être leur dieu, de prendre le trône de rubis.

"Comment avez-vous appris à parler, si vous n'avez jamais connu d'autres hommes et femmes ?"

Tyr fit une pause. Il avait reçu une partie de son éducation grâce aux livres de la Tour. Ses autres connaissances, et elles étaient vastes, il les avait protégées des écoutes clandestines dans les ruelles étroites de Yawarta .

Mais il a dit : "Oh, je viens de le récupérer."

"La tour dont vous parlez. Qu'est-ce que c'est ?"

"Un vieux bâtiment dans lequel je suis entré par effraction. Il se dresse tout seul sur le Désert du Vent Fougueux."

"Pouvez-vous lire?"

"Non," mentit-il.

Elle glissait un éclat de verre sous un écran dépoli, appuyait sur un bouton et se penchait. Tyr la regardait, se demandant ce qu'elle cherchait.

"C'est dommage", murmura-t-elle. "Car si tu—tu—tu— ohh !"

Son visage blanchit alors qu'elle le regardait.

"Qu'est-ce que c'est?"

"Votre sang... si c'est du sang. Il est tellement... tellement différent !"

Katha tendit une main blanche et dévia un interrupteur sur le mur. Une section de lambris glissa vers l'arrière, révélant un écran sur lequel se trouvaient les images tridimensionnelles des hommes vêtus de noir dans la salle du trône.

"Commandant de l'espace, je dois vous voir. Déjà le test préliminaire a révélé des réactions révolutionnaires."

Sa voix était excitée. Cela fit sursauter un peu l'homme chauve et maigre. Tyr le vit s'avancer vers lui, apparaître de plus en plus grand, sortir de l'écran et… disparaître. Un instant plus tard, la porte du laboratoire s'ouvrit et Mason entra.

"Qu'est-ce qu'il y a, Katha ?" dit-il froidement.

"Son sang. Ce n'est pas du sang que nous connaissons, qui transporte la nourriture, l'oxygène et les substances toxiques. Il est étranger. La structure cellulaire est apparemment conçue pour transmettre - cela va paraître idiot, et je n'ai pas l'occasion de le dire." Je vérifie mes premières impressions pour être sûr, mais les cellules semblent construites pour transmettre de l'énergie pure sous forme de chaleur pure.

"Mais les mouchoirs, ma fille ! Chez un homme normal, la nourriture devient de l'énergie dans les tissus. Comment—?"

"Je ne sais pas. Cherchez par vous-même."

Elle s'éloigna du microscope et lui fit signe. Le commandant de l'espace Mason se pencha vers l'écran. Sa main droite augmentait la puissance électronique d'une centaine d'unités. Il resta ainsi pendant de nombreuses minutes, fronçant les sourcils, respirant à peine. Lorsqu'il se redressa, il regarda Tyr longuement, respirant durement.

Il dit : "Il semble que ce soit un sang qui ne transporte que des impulsions de chaleur. Cela signifie qu'il absorbe son énergie pure. Le taux d'efficacité est parfait. Katha, ce n'est pas un homme. Pas un homme tel que nous connaissons les hommes. "

Katha a pris Tyr par le bras et l'a conduit derrière un fluoroscope en lui disant : « Restez ici, s'il vous plaît. Mason le regardait fixement alors qu'il marchait devant l'écran.

Tyr sourit intérieurement. Ils seraient sous le choc si cette machine faisait ce qu'il pensait qu'elle faisait.

La pièce s'assombrit. Une lueur vert pâle apparut et palpita. L'assiette devant lui semblait bourdonner doucement. Les taches sombres d'ombre que représentaient le Commandant et Katha bougèrent soudainement et s'immobilisèrent. Mortel encore.

« La machine ne va pas ! » » croassa le commandant Mason.

« La machine ne va pas ! » » croassa le commandant Mason.

"Il a été testé hier. Commandant. En plus, il a un cœur et une circulation sanguine."

" *Pas d'estomac ! Pas de poumons ! Pas d'intestins !* " souffla-t-il.

"Et à leur place, d'étranges organes dont nous ne savons rien. Commandant, laissez-moi l'emmener sur la planète natale pour l'étudier ! Quelle expérience. Un mutant qui—"

La lumière grandissait lentement du plafond. Mason se tenait à côté de l'interrupteur et regardait Tyr. Ses yeux étaient fous, ayant vu un miracle. Il frissonna et resserra son manteau autour de lui.

"Un mutant ! Et *quel* mutant !"

Katha dit pensivement : « Il a des organes à la place du tube digestif qui sont conçus dans un but précis. Mais dans quel but ?

Tyr s'éloigna de l'appareil à fluoroscope. Il a fléchi ses muscles. Assez longtemps maintenant, il s'était reposé et jouait avec eux. Maintenant, il passait à l'action.

"Commandant, à propos de mon offre—"

" Calme, mec. Calme ! J'ai besoin de réfléchir. Il y a longtemps, j'ai connu un homme qui disait... mais non ! Ce que je pense est incroyable. Cela ne pourrait pas être. Et pourtant... et pourtant... "

Tyr ramassa une barre d'acier et la tint légèrement en équilibre dans ses paumes. Lentement, ses doigts se refermèrent autour. Muscles relevés des bras et du dos. La barre se courba en cercle.

"Mes muscles peuvent aussi être différents", a-t-il déclaré. « À propos de mon offre. Est-ce la paix ou la guerre ? Tout ce que je veux… »

Le Commandant de l'Espace Mason déplaça rapidement sa main droite vers le bas. Il est sorti de sous sa cape avec un pistolet. Il sourit sombrement, "Tu es grand et puissant comme un bœuf, et tu es *différent* . Je ne veux pas tester ta peau avec une pluie de photons lumineux, mais—"

Katha s'approcha de Tyr. Il y avait un regard affamé dans ses yeux et autour de sa bouche. Elle murmura : " Sois raisonnable, dieu des Trylla ! Tu es mort depuis longtemps. Viens avec moi. Plus tard, tu pourras rencontrer le Commandant de l'Espace, quand sa surprise se sera dissipée. "

À travers l'éclat noir de ses cheveux bouclés , il regarda l'homme chauve et lut une fierté aussi grande que la sienne dans ses yeux bleus. Il savait vaguement que le commandant Mason possédait une volonté d'acier et un pouvoir aussi grand que le sien, parmi son peuple. Tyr hocha la tête.

"Je viendrai avec toi."

Katha souleva sa cape noire et la jeta autour de ses fines épaules. Elle lui lança un sourire aux lèvres rouges et passa son bras sous le sien.

"Viens à mon appartement", rit-elle. "Je veux que tu m'en dises plus sur toi."

Les ruelles étaient sombres et désertes. Sous les pieds, les bords arrondis des pavés *calaniens* mordaient leurs fines sandales. Les structures de pierre cyclopéennes dominaient d'un noir et d'un caractère menaçant sur le gris pâle du ciel nocturne. Telles des toiles d'araignées à la structure géante, de grandes antennes vox spatiales étaient projetées de tour en tour.

Ils marchaient lentement dans la nuit chaude, et d'autres marchaient plus vite. Ce fut Tyr qui entendit le cliquetis des accessoires d'un garde, le *bruit sourd* d'un pistolet à rayons dans son étui frappant une cuisse de pantalon, le bruit sourd des menottes et des chaînes.

Son poignet l'entraîna contre lui, puis la ramena avec lui dans l'ombre d'une porte encastrée. De nombreux hommes descendaient la rue. Il y avait aussi beaucoup de chaînes.

Un éclat de clair de lune toucha le leader qui marchait voûté par le fer et la douleur des coups de fouet ouverts .

« Zarman ! » souffla Tyr.

Son cerveau s'emballait. Zarman était le gouverneur nommé par Tyr. La *terre* l'avait pris et fouetté. C'était un signe de leur pouvoir sur Tyr. Le peuple avait besoin d'un signe de son dieu. S'il libérait Zarman et le renvoyait au peuple …

Tyr traversait les pavés et son poing droit se levait en un arc de cercle court. Un garde surpris n'eut pas le temps d'ouvrir la bouche avant que l'arrière de sa tête ne touche sa colonne vertébrale et que son cou ne se brise sous ce coup. Tyr l'abaissa avec sa main gauche dans le bas de son dos, alors qu'il sortait le pistolet thermique de son étui.

« Tyr ! » sanglota Zarman en se redressant.

Les autres le connaissaient aussi, et à la place de la douleur et du désespoir aveugles, vint le rire de l'espoir qui leur fit claquer le dos et le menton en avant.

"Attention", murmurèrent-ils. "Il y en a plus."

Tyr s'avança dans l'ombre en disant : « Continuez à marcher. Tournez au coin et attendez.

Les gardes arrivèrent sans méfiance, mais cette fois ils étaient trois, discutant et plaisantant. Tyr est sorti de l'ombre à mains nues et il a frappé si vite qu'un garde s'est tordu dans la rue en pierre avant que les autres ne sortent leurs armes. Un autre est tombé avec des côtes éclatées. Le troisième ouvrit la bouche pour crier. Deux grandes mains lui saisirent la gorge et la visèrent.

Tyr laissa tomber la garde et fit un signe de tête aux prisonniers : "Continuez à avancer. Zarman m'attend au coin de la rue."

Il n'y avait plus que deux gardes. Tyr chargeait bas. Ses poings se gonflèrent.

Tyr se secoua, seul dans l'allée, tandis que la lune au-dessus de lui rayonnait, le baignant d'argent. La rue était déserte, à l'exception d'un visage blanc au-dessus d'un manteau sombre et de Tyr. La jeune fille avait une arme à la main.

"Tirez", dit Tyr en se tendant.

"Goose", murmura la jeune fille en baissant la tête pour regarder sa main ranger son arme.

"Pourquoi tu ne tires pas ?"

"Oh, je ne sais pas. J'ai toujours été un idiot pour les outsiders."

Mais il y avait une autre explication dans ses yeux sombres qui le regardaient et qui fit cligner Tyr. Il lui attrapa le coude et marcha avec elle jusqu'au coin de la rue.

Zarman et les autres étaient rangés le long du mur dans l'obscurité. Zarman s'est avancé et a regardé la jeune fille et a murmuré : "C'est une *ardente* ."

"Oublie-la. Parle-moi de toi."

"Les Anciens nous ont attrapés facilement. Otho a bavardé avec sa bouche de traître. Ils sont venus nous prendre, même si nous nous sommes battus."

"Si je vous libère, que pouvez-vous faire pour votre liberté ?"

"Nous pouvons nous battre, dieu Tyr. Nous pouvons creuser comme la taupe et nous battre comme un rat acculé. Essayez-nous !"

Katha contourna le coin pour chercher la clé des menottes. Elle fouilla l'implémenta des gardes et le rapporta fièrement.

Les hommes ont descendu les chaînes et les menottes dans un trou qu'ils ont creusé sous les pavés. Ils ont réinitialisé les pierres et ont jeté la terre dans les crevasses entre elles. L'un d'eux a pris l'arme que Tyr lui avait tendue.

Zarman fit signe aux hommes, et ils disparurent hors de vue.

"Nous allons sous terre. Dans les vieux tunnels creusés pendant la guerre contre les *Terres* . Seuls les Trylla connaissent ces labyrinthes."

"Bien. Je vais vous prévenir."

Katha soupira lorsque Zarman fut hors de vue.

» demanda sèchement Tyr alors qu'ils marchaient : « Pourquoi ne m'avez-vous pas tiré dessus ? Vous aviez sorti votre arme.

"C'était pour les gardes, au cas où vos poings ne suffiraient pas."

"Mais tu es un *ardent* !"

La jeune fille soupira et dit : « C'est une si belle lune. Et nous sommes presque dans ma chambre.

Elle rit doucement et Tyr se demanda pourquoi.

III

Tyr n'avait jamais vu un luxe aussi sybaritique que celui révélé lorsqu'il laissait les rideaux de fil d'or bruisser sur la porte voûtée derrière lui. Des coussins éparpillés, dodus et gras, avec du rouge et du blanc travaillés en fines courbes sur leurs surfaces ; les murs teintés de bleu qui dégageaient de la chaleur ; les peintures murales aux tons riches et les lumières cachées exprimaient une richesse illimitée. Des bibliothèques basses encombraient les murs. Le parfum imprégnait l'air frais. C'était un parfum féminin, écoeurant, persistant.

Katha souleva une cruche écarlate et versa un liquide blanc et froid dans deux hémisphères de cristal. Elle en tendit une à Tyr et leva l'autre dans sa main blanche aux ongles rouges.

"Vers la liberté", rit-elle doucement et but.

Le vin blanc était riche et capiteux, et il lui réchauffait la gorge en descendant. Tyr but encore et encore une gorgée. Il regarda autour de lui la pièce, les yeux dévoilés.

C'était juste l'appartement d'une seule fille. Elle occupait un rang élevé dans les conseils du *monde*, mais c'était une planète loin de chez elle. Et tout le luxe devant lui ! Eh bien, un de ces oreillers aux courbes rouges et blanches ferait gonfler les yeux de Fay de jalousie. Et il se dressait contre une race qui pourrait donner cela à une femme, pour elle-même !

Il grimaça. Que pouvait faire un homme, même comme Tyr, contre une telle race ? Il devrait arrêter maintenant et s'amuser avec cette femme qui le regardait avec ses yeux noirs et fixes. Il se disait tout cela, détestant la vérité.

Une main fraîche se blottit dans sa paume. "Parle-moi de toi", sourit Katha.

"Il n'y a rien à dire."

"Tu as une force et une vitesse incroyable. Mais quels sont tes autres pouvoirs, Tyr ? Tu es un mutant, un changelin. Tu le sais. Mais pourquoi, Tyr ? Pourquoi ? La nature n'essaye pas de changer à moins qu'elle n'adapte un être à quelque chose. ".

Katha était très proche de lui. Elle était parfumée et féminine, et Tyr n'était habitué ni à l'un ni à l'autre. Elle était aussi subtile et complexe qu'une drogue rare, tandis que Fay était aussi transparente, dans ses faims d'enfant, qu'une assiette de verre.

C'était peut-être le vin blanc, pensa-t-il après coup, mais tout ce qu'il voyait maintenant, c'était sa bouche rouge et l'amusement moqueur qui nageait dans ses yeux noirs. Il l'embrassa en la serrant contre lui dans ses bras.

"Nous nous éloignons du sujet," lui sourit-elle depuis ses bras.

C'est alors que la toux retentit, provenant des rideaux dorés de la porte. Otho se tenait dans l'ouverture, un sourire narquois, les yeux lorgnants. De la tête aux pieds, il brillait dans une soie arc-en-ciel qui se bombait et s'enfonçait autour de sa forme avec une sensibilité aux courants d'air qui lui donnait l'impression d'être vivant.

Il avait une arme à la main et elle était pointée sur Tyr.

"Je suis désolé d'interrompre vos... divertissements..."

Tyr ne pensait pas qu'il bougeait vite, mais il était devant Otho alors même que les yeux de l'autre commençaient à s'écarquiller d'effroi. Tyr frappa le pistolet vers le haut, le frappant contre la bouche ricanante d'Otho, où il fit une large entaille. L'arme tomba sur le tapis et Tyr étendit les mains, saisit la soie sordide et la souleva. Otho pendait à un pied du sol.

"Je pourrais te briser la colonne vertébrale", murmura Tyr.

Otho était blanc. Il n'osait pas parler.

"Je pourrais passer les doigts d'une main autour de ton gros cou et le casser."

Otho ferma les yeux et frissonna.

Tyr le laissa tomber et Otho tomba lâchement sur le sol, se retourna et se remit à quatre pattes. Le grand dieu brun du Trylla se dressait vaste et massif au-dessus de sa forme accroupie.

"Tu ne montres pas de respect à ton dieu, Otho," sourit dangereusement Tyr. "Ni envers une femme. Au moins, vous pourriez être courtois, si vous n'êtes pas religieux."

Tyr écouta le marmonnement qui sortait de la bouche de l'homme et le regarda s'éloigner en rampant. Il se tourna vers Katha, "C'est le gouverneur que Mason a donné au Trylla ."

Katha laissa sa hanche reposer contre le plateau en onyx tandis que ses doigts blancs cherchaient une hydroette . La fin est devenue verte et vivante dès sa première inspiration. Soufflant de la fumée verte entre ses lèvres rouges, elle se pencha en arrière et rit doucement.

"Vous savez, vous *êtes* un dieu à certains égards. Votre grandeur même, votre force et votre vitesse titanesques. Si vous juriez allégeance à l' *Arth* , vous vous élèveriez rapidement. Vous seriez un commandant de l'espace dans quelques années."

"Est-ce une promotion par rapport au fait d'être un dieu ?"

"Tyr, écoute-moi. Sois raisonnable. Utilise ton cerveau. Tu as un cerveau, et un bon cerveau. Il n'est pas instruit, mais il absorbe les connaissances comme une éponge vénusienne arrose ! J'ai vu tes yeux bouger dans ce laboratoire des miens. Vous avez déduit les utilisations du fluoroscope, du microscope électronique. Il vous suffisait de les voir en action…

Elle retint son souffle. La peau autour de ses lèvres était blanche alors que sa bouche se serrait. "Peut-être pourriez-vous même les reproduire, avec le temps et les matériaux, rien qu'en les voyant. Pourriez-vous, Tyr ?"

» se demanda Tyr lui-même. Son esprit contenait un fouillis confus de plaques et de fils, et des souvenirs de schémas qu'il avait vus dans les livres de la Tour. Resté seul, il imaginait plutôt qu'il pourrait faire ce que Katha avait laissé entendre. Surtout s'il travaillait au soleil. Car le soleil ouvrirait les facettes de son esprit, rendrait son cerveau aussi vif et vivant que son corps, lui donnerait cette conscience subconsciente de la connaissance qui l'impressionnait.

"Il s'agit peut-être de souvenirs raciaux", dit-il lentement. "Chez la plupart des hommes, ces choses sont enfouies trop profondément pour être utilisées dans la pratique. Mais chez moi, cela peut être différent. Je sais que les choses ne restent pas longtemps un mystère pour moi, une fois que j'y réfléchis."

Katha traversa la pièce, fixant les coussins qu'elle écartait négligemment. Ses sourcils fins étaient plissés.

"J'ai dit que tu pourrais être un Commandant de l'Espace, Tyr. Tu pourrais être plus que cela. Tu pourrais être le Président lui-même, si—si ce que je pense de toi est vrai.

"Les Trylla pensent que les *Terres* sont un équipage sans cœur. Oh, je sais. Mais ce que les Tryllas et les autres habitants des planètes que nous avons conquises ne savent pas, c'est ceci : nous sommes *tous* confrontés à une lutte contre l'extinction. Ce ne sera pas le cas. venez depuis des siècles, mais cela vient, aussi sûrement que vous vivez.

" *Les Glows sont en train de mourir !*

"Et quand cela arrivera, toutes nos villes et tous nos vaisseaux spatiaux – on pourrait dire aussi nos vies – s'arrêteront. Si vous…"

Des hommes franchirent la porte et le Space Commander Mason était devant eux. Otho passa son gros visage ricanant entre deux *doigts* et se moqua de Tyr. Les hommes s'écartèrent et Mason se dirigea vers eux, un sourire sinistre aux lèvres.

"Tu as laissé toute une trace derrière toi ce soir, Tyr", dit-il. "Ces gardes, puis Otho. J'ai essayé de traiter avec vous sur un pied d'égalité. Votre parole compte beaucoup pour les Trylla . Mais j'ai fait une erreur."

Katha courut devant le commandant et dit rapidement : « Katha fait un rapport sur le mutant Tyr de la planète Lyallar . D'après mes observations, mes conclusions sont qu'il s'agit d'une forme de vie avancée, ne nécessitant aucune nourriture mais tirant son énergie directement d'une autre source. est phénoménal. Que son cerveau est surhumain. Qu'il doit être testé davantage. Ma recommandation est... "

Mason la mit de côté et fit signe à ses hommes.

"...qu'il soit envoyé sur sa planète natale pour y étudier."

Tyr secoua la tête et dit : « Non », mais il ne quitta jamais des yeux l'homme au crâne chauve.

Mason leva brusquement la main.

Et Tyr bougea.

Il alla vite, si vite que ses bras n'étaient plus que flous, soulevant Mason de ses pieds et le projetant. Il a basculé par-dessus une table et a enfoncé ses deux talons dans la poitrine d'un homme. Il frappa une autre *éclaboussure* sur la mâchoire juste au moment où le doigt de l'homme serrait la gâchette et qu'un éclair de feu se dirigeait vers le haut plafond. Maintenant, leurs armes le visaient et lui tiraient des carreaux jaunes. Il en attrapa trois sur sa poitrine.

Ces feux jaunes brûlèrent momentanément, avant que ses pores ne puissent aspirer leur pouvoir vorace dans son organisme. Mais ils l'emplirent d'une exaltation sauvage et sauvage. Sa gorge se serra tandis qu'il chargeait les hommes près de l'entrée, qui s'agenouillaient et tiraient alors que leurs yeux s'écarquillaient, le voyant arriver, grandissant de plus en plus devant eux.

Il ne s'est pas arrêté. Il a écrasé les hommes et les a laissés brisés sur le sol.

Tyr rit sombrement, ses pieds foulant un tapis. Son gros poing droit tenait un pistolet solaire qu'il avait arraché à un soldat tombé. Une arme pour les Trylla ! Son épaule a brisé une porte avec deux cents livres d'énergie derrière elle. L'écluse traversa le bois et Tyr se retrouva sur les pavés.

La rue était sombre et vide. Il courait avec le vent, esquivait les virages et sautait dans les rues droites. Loin derrière lui, des cris et des bruits sourds de pieds retentissaient.

Les murs cyclopéens de Yawarta se dressaient devant lui. Çà et là pendaient les grands filets des pêcheurs, qu'ils étendaient pour sécher sur de solides piquets de bois. Puis il s'avança, ses bras soulevant son corps massif avec aisance. De bastion en corniche , il remontait le mur comme une araignée au courant.

Il se tenait maintenant sur le large sommet, sous les étoiles. Il leva un bras et l'agita en direction de la ville, et passa de l'autre côté.

Il s'est enfui librement, loin de Yawarta .

Derrière lui, il pouvait entendre le *phffft-phffft* des avions à réaction qui s'élevaient pour le poursuivre, bondissant comme des chiens sur les barrières de course. Tyr sourit et étendit ses longues jambes de façon à ce que le sol défile étrangement. Ils ne pouvaient pas l'attraper sous les étoiles, pas avec cette arme à la main.

Le vent sifflait à ses oreilles. Il se dirigea vers les forêts argentées qu'il pouvait voir au loin. Il serait bientôt sous leur abri.

Des faisceaux de lumière inondaient le sol, le pourchassant. Ils glissèrent partout, le manquant tandis qu'il esquivait gracieusement, s'écartant de leur pâle rayonnement.

Bientôt, il serait sous ces arbres. Rien sur Lyallar ne pouvait alors l'attraper.

Tyr balança le pistolet solaire vers le haut, posa la muselière froide sur sa poitrine nue et appuya sur la gâchette.

La lumière du soleil teintait les falaises d'un ambre pâle, répandant un or arachnéen sur les rebords de pierre des étagères. Il faisait onduler des ombres sombres dans les crevasses rocheuses et envoyait de minuscules cascades de rouge et de jaune brillants provenant de veines de quartz. Les falaises dominaient une campagne vallonnée où des touffes d'herbe poussaient dans une verdure groupée.

Tyr se tenait debout sur la langue de roche déchiquetée, regardant une file d'hommes et de femmes marchant à travers les collines. Il était nu, à l'exception du tissu blanc à sa taille dans lequel la crosse du pistolet solaire dépassait à un angle incliné. Imposant sous le soleil du matin, il ressemblait, à chaque centimètre carré de lui, au dieu que les Trylla pensaient qu'il était.

Il sourit et tapota le manche en noyer de l'arme. Cette explosion de puissance lui avait donné l'énergie dont il avait besoin la nuit dernière, alors que le soleil était de l'autre côté de la planète. Ses follicules l'avaient absorbé et ses étranges organes la filtrait dans tout son corps.

Il avait couru toute la nuit, et pourtant il était frais et fort.

Il regarda maintenant la vallée brune et vit le Trylla la traverser, commençant la longue ascension de l'autre côté. Ici et là, il reconnut des personnages familiers. Fay était en tête de la colonne, juste devant le jeune Texel et le sombre vieux Gaarn . Tyr scruta le ciel bleu. Pas d'hommes *ardents* là-bas !

Il s'abaissa sur le bord déchiqueté de la falaise. Ses pieds astucieux, semblables à des doigts sensibles, trouvèrent des fissures dans la roche usée par les intempéries. Il descendit pied après pied, mais rapidement.

Lorsqu'il laissa tomber les derniers vingt pieds jusqu'au fond friable de la vallée, les Trylla n'étaient qu'à quelques kilomètres de lui. Sa descente en ligne droite lui avait épargné des heures de voyage. Il pourrait les attraper maintenant en quelques minutes.

Fay le vit en premier, tournant sa tête dorée presque comme si une pensée télépathique le lui commandait. Elle cria, et la mince colonne vacilla et s'arrêta.

Tyr s'approcha d'elle avec les mains tendues et un sourire aux lèvres, mais le sourire s'effaça lorsqu'il vit ses yeux.

"Pourquoi es-tu revenu?" » demanda-t-elle d'un ton hébété. "Vous avez conclu vos marchés avec *Arth* , pour la fille nommée Katha. Qu'est-ce qu'ils vous ont donné d'autre pour Lyallar , à part la fille ?"

"Pour Lyallar ? A part la fille ? Es-tu folle, Fay ? Et vous les autres, croyez-vous ce qu'elle dit ? Fay, quoi—"

Gaarn dit amèrement : " Niez-le, alors. Niez que vous soyez allé seul avec cette femme Katha pour comploter notre perte. Niez que Zarman et d'autres qui vous faisaient confiance aient été fouettés. "

"J'ai comploté pour ne détruire personne. Et quant à Zarman …"

"Il a été fouetté, n'est-ce pas ?" hurla Texel, les yeux deux abîmes d'angoisse.

"Floggé avant de—"

Texel lui cracha dessus, et Tyr frémit et ses mains se levèrent. Malheureusement, il les laissa retomber. La force n'aboutirait à rien. Et un dieu doit être compréhensif.

"J'ai libéré Zarman et les autres alors qu'ils étaient emmenés dans les rues", a-t-il déclaré patiemment. "Quant à Katha, elle est biologiste du *monde* ."

"Tu étais seul avec elle," marmonna Fay d'un ton maussade. "Otho t'a vu l'embrasser."

"Otho ! C'est donc là que tu prends de tes nouvelles."

"Les arbres parlants, les arbres argentés", dit Gaarn entre des lèvres édentées. "Ils captent des messages subsoniques. C'est comme ça que nous les avons entendus."

"Et bien sûr, croyez-vous. Peu importe que l' *Arth* ait nommé Otho à la place de Zarman . Croyez-le sur parole. C'est Otho qui a envoyé les messages, n'est-ce pas ?"

"Oui", dit une femme.

"Otho me veut comme captif. Alors faites tout ce qui est en votre *pouvoir* . Otho espère que vous me dénoncerez. Il y aura une récompense pour moi. C'est pourquoi il a envoyé ce message. Il veut retourner les Trylla contre moi."

Il s'adressa à leurs yeux qui reflétaient leurs sentiments, luttant pour regagner leur confiance : « Si la *terre* me tue, quel espoir vous reste-t-il ? Vous dites tous que je suis un dieu, votre dieu. Pourtant vous m'abandonnez aux premiers mensonges de la vérité. un renégat!"

Les hommes traînèrent les pieds. Leurs visages étaient hagards et marqués par l'amertume et la méfiance. Dans certains yeux, Tyr pouvait lire une véritable haine.

"Pourquoi es-tu revenu ?" murmura Fay en regardant le sommet d'une montagne lointaine. "Pour nous livrer ? Pour livrer mon dos aux fouetteurs ? Suis-je si précieux pour le *monde* ?"

Tyr supplia : "Dois-je revenir seul, si mon but était de vous capturer ? Si tel était le cas, les cieux seraient remplis d'avions ! Je savais que vous étiez en route vers le Tertre. J'aurais pu vous faire tous prisonniers en maintenant, si telle était mon intention. Raisonnez. Otho vous raconte des mensonges pour vous détourner de la seule chose qui avait une chance de vous aider !

Comme des enfants, leurs visages devinrent pleins d'espoir à mesure que leur esprit absorbait ses paroles. Fay se mordait la lèvre. Sous ses cils jaunes, ses yeux bruns l'étudiaient.

"Mais tu as embrassé cette Katha, n'est-ce pas ? Tu as embrassé une *ardente* femme ! Le dieu des Trylla ne ferait jamais ça."

Tyr pouvait voir que son raisonnement illogique influençait les autres. Ils étaient hésitants, pleins de reproches.

Il dit d'un ton de défi : "Je l'ai embrassée, parce qu'elle était une femme et charmante. Je—"

Fay lui tourna le dos. Les autres regardèrent tour à tour la fille, puis Tyr, puis à nouveau la fille.

"Je ne suis pas un traître, à cause de ce baiser. Je—"

Ils n'écoutaient pas, mais suivaient Fay qui s'éloignait rapidement vers les collines au loin pourpre. Ses doigts se refermèrent sur une amertume vide alors qu'il se tenait là seul, misérable. Son peuple... suit une fille vers la destruction.

Le chagrin lui rongeait le cœur. C'était donc le destin d'un dieu que ses enfants le comprennent mal, peut-être même qu'ils le haïssent. Pourtant, il ne leur en a pas voulu. Ils étaient si seuls, si impuissants et si effrayés.

En les regardant s'éloigner, Tyr savait qu'ils avaient plus que jamais besoin de lui. Ils laissaient le seul qui avait une chance de les aider. Sans lui, les Trylla étaient comme des jouets devant les mains dures et sûres de la *Terre* .

Il toucha la poignée du pistolet solaire et laissa ses doigts s'éloigner.

Il devrait maintenant trouver le Barrow seul.

Deux jours plus tard, Tyr écarta les frondes vertes d'un buisson de montagne et regarda la blancheur étincelante du Barrow. C'était un dôme bas et arrondi, posé sur les rochers durs et blanchâtres d'un étrange sommet de montagne. De là où il se tenait, il pouvait distinguer de nombreuses arches qui reculaient sous le dôme. Les arches étaient si nombreuses que chacune ressemblait au reflet des autres.

Le Barrow, pensa-t-il avec un sourd triomphe. Il était parfaitement camouflé. Cette rondeur ne donnait aucun éclat à un observateur du ciel. Sa petitesse ne projetait aucune ombre. Sa blancheur se mêlait à l'éclat éblouissant des rochers blancs de la montagne. Pas étonnant qu'il soit resté des années sans être détecté. Même en le cherchant tel qu'il était, Tyr l'a presque raté. Seules les arches, vues sous un certain angle, trahissaient son existence.

Il se précipita vers lui, pénétrant à l'air libre. C'est seulement lorsqu'il fut près des arches qu'il aperçut la femme à terre, agenouillée sur le côté. Devant elle, un homme était allongé sur le dos.

Tyr avançait sur la pointe des pieds, aussi silencieux qu'une brise se déplaçant sur le rocher.

La jeune fille s'agenouillait à côté de l'homme et bougeait ses mains sur lui avec rapidité et compétence. Puis elle s'appuya en arrière et secoua sa tête sombre. Le chemisier noir et le pantalon blanc lui semblaient familiers. Quand il vit son visage alors qu'elle le relevait, il sut.

"Katha", dit-il.

La jeune fille se retourna, attrapant une arme à sa hanche. Mais quand elle le vit pleinement , elle poussa un cri sourd et se releva précipitamment. "Tyr, Tyr ! Oh, je suis tellement contente de t'avoir trouvé !" Et il courait vers lui.

Il essaya d'être bref, mais c'était inutile. Il y avait trop de joie qui brillait dans ces yeux noirs, trop de rires et de joie. Et elle était si féminine ! Il étendit les mains et lui tint les bras, la faisant rester un peu loin de lui. Tyr se demanda si elle entendait les battements sauvages de son cœur.

"Pourquoi?" Il a demandé. "Pourquoi es-tu ici ? Pourquoi es-tu venu me chercher ?"

Le rire était comme un enrouement musical dans sa gorge. La tête rejetée en arrière pour pouvoir le tenir des yeux, elle dit : "Parce que le commandant de l'espace Mason a ordonné que vous soyez abattu à vue. Parce que vous êtes un homme condamné. Et parce que... je pense que vous pouvez encore sauver le Trylla ."

"Tu es *dur* !"

"Cela ne fait aucune différence. Qu'est-ce que tu es, d'ailleurs ?"

"Je—je ne sais pas."

Il ne savait pas. Cette incertitude le tirait toujours au plus profond de lui. L'inconscience en lui, comme un vide. Qui es-tu, Tyr ? Qu'est-ce que tu es ? Et un rire fou répondit : "Tu ne sais pas. Tu ne sauras jamais ce que tu es. Un dieu ? Ho ! Pas toi, pas Tyr."

Elle vit le vide dans ses yeux et la misère. Sa voix était douce, tendre. "Tyr, tu ne vois pas ? Tu es... Tyr."

Il secoua la tête, le cœur engourdi dans sa poitrine.

Elle cria entre un rire et un sanglot : "Mais tu es le premier, Tyr, le premier de ton espèce ! Je peux te le dire. Tu es un nouveau venu en biochimie."

"Qu'est-ce que cela signifie?"

"Je ne sais pas. Personne ne le sait. *Vous* devez d'abord vous le prouver. *Vous* devez en apprendre davantage sur vous, et ensuite les autres le sauront. Qui peut mieux comprendre une nouvelle chose que la chose elle-même ! Explorez-vous, Tyr— et saches!"

Katha passa un doigt dans le galon noir de sa ceinture et traça des tracés dans le sable avec le bout de sa sandale. "Je devais venir te trouver. Je ne pouvais pas te laisser mourir. De plus, il y a quelque chose dans ce que tu fais. Si les Trylla pouvaient devenir amicaux avec la *Terre* , ils nous aideraient. Peut-être qu'ils pourraient trouver le moyen de garder le Brille de mourir. Les *Arth* ont besoin d'aide. Vous pourriez être l'agent qui réunira *Arth* et Trylla .

Du fond de son amertume, Tyr rit durement.

"Je ne suis qu'un contre l' *ardth* . Je n'ai pas d'alliés. Même les Trylla se détournent de moi. La seule chose qui me maintient en vie est l'idée qu'un dieu doit protéger son peuple. Même s'ils le détestent."

"Pensez alors aux récompenses que les Trylla pourraient récolter si vous les unissez aux *ardth* dans une amitié. Les *ardth* ne sont pas seulement des conquérants, mais aussi des colonisateurs. Dans l'étendue lointaine des villes qui s'étendent depuis les planètes d'origine au-delà. même Fornax, il y a beaucoup de merveilles.

"Vous n'êtes jamais allé à Zafega sur Fomalhaut-2. Vous n'avez pas vu les écrans créés , où vos rêves deviennent réalité, où les profondeurs du subconscient sont capturées dans des graphiques et traduites en images. C'est une beauté incroyable et une horreur dans Personne n'est jamais le même, ayant vu ses rêves dans un moment d'éveil.

"Ensuite, il y a les histoires qui reprennent le passé, en font une chose vivante et respirante. Vous pouvez voir l'histoire de tout Lyallar , Tyr, depuis ses débuts primordiaux jusqu'au-"

Tyr murmura brutalement : "Cette vision me ferait réaliser encore plus amèrement ce que signifie être un Tryllan - et vivant - de nos jours."

Katha lui tourna le dos, regardant à travers le rocher et le sable vers une frange lointaine d'arbres argentés. Tyr se mordit la lèvre, fixant ses épaules galbées. Idiot! Pour aliéner la seule personne sur toute la planète qui se souciait de savoir si...

Un vieux visage allongé sur le sol, ses yeux voyaient. Joues brunes décharnées et cheveux gris clairsemés sur un crâne rond. Harl . L'ancien avec un cerveau rempli de magie de la guerre et de connaissances scientifiques perdues pour tous les Trylla , à l'exception de lui-même. Harl était mort.

<hr>

IV

Katha l'a tué. C'était pour cela qu'elle était ici. Elle ne se souciait pas de ses chances de libérer le Trylla . C'était une espionne. Et il la croyait parler d'écrans, de luxe et de joies de rejoindre le *monde* !

Sa main visa son poignet et la fit se retourner pour lui faire face. Ses yeux noirs s'écarquillèrent, effrayés par la rage folle sur son visage. Sous la poigne de cette main, ses genoux s'enfoncèrent dans le sable.

"Vous l'avez assassiné. Vous—"

"Non ! Oh, non, Tyr ! Son cœur s'est arrêté d'excitation. Il—il pensait que *tout le monde* avait trouvé le Tumulus. C'est *le* Tumulus, n'est-ce pas ?"

"Oui," marmonna-t-il d'une voix engourdie, détournant son regard d'elle vers les arches reculées et confuses.

Accusez-la encore, Tyr. Ne vous laissez pas tromper par ces grands yeux noirs. C'est une traîtresse, n'est-ce pas ? C'est plutôt une espionne. Accusez tous les Lyallar de la seule chose qui croit en vous. Briser sa croyance. Tuez-la avec vos mains. Restez seul, comme vous l'avez toujours fait.

"Non!" gémit-il en se balançant sur de grosses jambes, largement écartées.

La femme s'agenouilla et le regarda.

Ses yeux se fermèrent alors que les pensées traversaient son cerveau. Elle a tué Harl . *Elle ne porte pas d'arme, son corps ne porte aucune marque de violence !* Elle est une espionne pour Mason et elle vous trahira. *Elle est venue seule vers toi !* Tuez-la et soyez prudent. Ne vous fiez pas à votre force pour combattre ce qui pourrait arriver.

Il étendit ses grandes mains et lui attrapa les épaules. Il la souleva et la serra contre lui. Il fit pleuvoir des baisers sur sa douce bouche.

Au bout d'un moment, elle remua doucement.

Elle murmura, sa tête noire nichée contre sa poitrine, "Tu m'aimes, Tyr ?"

"Oui."

"Tu es venu au Tertre, Tyr. Faisons ce que tu aurais fait. La rumeur dit qu'il y a des armes à l'intérieur."

" Harl était le seul à connaître leur utilité. "

Elle se frotta les bras avec ses paumes, adorant le bleu là où ses mains se trouvaient. Elle réprimanda : « Fi, chérie. Un dieu peut comprendre n'importe quelle arme. Et quand il lui jeta un coup d'œil aigu pour chercher la moquerie dans ses yeux, elle dit simplement : "Je le pense vraiment. Vous pouvez les comprendre, si vous voulez. Votre esprit est différent. Essayez-le !"

Alors qu'ils passaient sous les innombrables arches, leurs pieds marchant bruyamment sur le sol en marbre dans le silence, Tyr dit : « Si je ne peux pas utiliser ces armes, la cause des Trylla est perdue à jamais.

Un labyrinthe de choses et d'objets étranges, disposés sur étagère et comptoir, sous verre et sur métal. Des labyrinthes de pâte à modeler et d'acier, scintillants et scintillants, des cônes d'ombre, des tridents et des cercles métalliques. Et rien de tout cela n'était même vaguement compréhensible pour le géant brun qui se levait et regardait fixement.

Katha glissa une main dans la sienne et dit : « Tu peux le faire, Tyr. Oui, tu peux !

Il secoua la tête, mais il alla se placer devant les machines. Les yeux plissés, il étudia les générateurs incurvés et les turbines en forme de dôme. Lentement, presque à contrecœur, il commença à les comprendre. Si seulement-

Un rayon de soleil jaune traversait un évent en verre cristallisé dans le mur, frémissant, bougeant. Cela toucha Tyr, laissant son visage brun et ses cheveux noirs dans son éclat. La lumière du soleil était chaude et apaisante. Tyr sourit faiblement, sachant que la lumière ouvrait les facettes secrètes de son cerveau, leur fournissant de l'énergie, faisant fonctionner son esprit, qu'il le veuille ou non.

Il comprenait désormais ces machines silencieuses.

Il appuya sur un bouton et regarda un moteur palpiter et bourdonner, prendre vie. Là où se trouvaient les disques bleus se trouvait leur sortie. Ils devenaient rouges et brillaient. Lorsqu'ils devenaient blancs, une explosion de puissance se déclenchait, et il ne voulait pas que cela se produise pour l'instant. Il a coupé le courant.

Katha marchait avec lui. "Tu sais?" » demanda-t-elle doucement.

"Je sais."

"Il y a une kitchenette sur un côté", a-t-elle expliqué. "Je vais me préparer à manger. Alors dis-moi tes projets!"

Lorsqu'elle le quitta, Tyr se retourna vers les géants de métal, touchant les leviers et les tiges. Il se perdait dans leurs subtilités comme un garçon se perd dans des jouets nouveaux et compliqués.

Il n'entendit pas Katha crier depuis la chambre voisine. Il n'a pas entendu les pas. Il n'a pas vu la jeune fille qui était venue avec Gaarn et Texel se tenir sur le pas de la porte, un pistolet solaire dans sa main blanche.

Une boule de flammes a explosé au milieu des bobines et des antennes d'une grosse machine. Un autre est tombé sur une énorme dynamo. Un autre encore sifflait d'une manière stridente alors qu'il se frayant un chemin à travers des cônes et des cerceaux.

Tyr se retourna, mais il était trop tard. Fay tirait rapidement, aussi vite qu'elle pouvait appuyer sur le bouton. Les explosions jaunes ont mangé et bu leur chemin à travers les machines jusqu'à ce que chacune d'entre elles soit brisée et détruite.

Tyr rit amèrement.

"Détruisez toutes vos chances", a-t-il déclaré. "Votre liberté repose sur le sol, au milieu de ces objets métalliques tordus."

Fay leva l'arme et la pointa sur lui. Elle dit froidement : « L' *Arth* ne recevra jamais nos armes, Tyr. Je les ai détruites avant que tu puisses leur apporter l' *Arth* .

"Je n'apporterais jamais la *terre* ! Quel poison fou ronge ton cerveau, Trylla ? Sans armes, que puis-je faire ?"

"Les Anciens ne les auront jamais !"

"Les Anciens n'ont pas besoin de ces choses. Ils en ont de meilleures. Il y a cent ans, ils ont battu les hommes qui utilisaient ces armes. À cette époque, ils ont de nouvelles armes, de meilleures armes ! Que voudrait la *terre* avec des choses comme celles-là ?"

Il y avait un doute aux yeux de certains, mais Fay leva son arme. Tyr se dirigea vers elle, voyant la haine rouge dans ses yeux. Son doigt toucha le clou et des boules de feu jaune bondirent sur lui et éclaboussèrent sa poitrine.

Il a continué, imparable. L'énergie des boules jaunes se déversa en lui. Les muscles de ses bras ondulèrent alors qu'il tendit la main et lui enleva l'arme.

Avec sa main blanche pressée contre sa bouche qui se tordait, Fay le regardait avec une admiration muette. Tyr enroula ses doigts autour du pistolet. Le métal s'est froissé dans sa main. Lorsqu'il ouvrit la main, les restes rebondirent sur le sol.

Tyr posa une main sur l'épaule de Fay et la poussa sur le côté. Gaarn et le jeune Texel le regardaient avec des yeux fascinés et effrayés. Il se précipita dans la chambre où Katha avait crié.

« Katha ! » il a appelé.

Elle était allongée sur une longue table blanche et de solides sangles d'acier la retenaient. Ses vêtements étaient quelque peu déchirés. Ses yeux sombres rencontrèrent les siens alors que sa bouche rouge souriait un peu.

Il se précipita dans la chambre où se trouvait Katha. Ses yeux sombres rencontrèrent les siens.

" J'ai essayé de vous prévenir. Les Trylla n'aiment pas le *monde* . Ils me voulaient vivant pour apprendre des secrets de moi. " Elle fit une grimace. "Je ne sais pas si j'aurais pu résister à la torture."

"Ce n'est plus nécessaire maintenant," grogna-t-il en mettant ses mains sous les sangles et en les faisant éclater. Il la souleva et la tint sur sa poitrine.

"Je ne suis plus le dieu des Trylla ," râla-t-il amèrement en la regardant. "Je suis détesté par eux. Maintenant, je ne suis plus rien !"

Elle était très ronde et douce au niveau des côtes. Tyr resserra son bras, observant sa bouche. Katha fit une grimace et se moqua de lui.

« Homme ou Dieu, tu as mal !

Il relâcha légèrement ses bras, la tenant toujours fermement. Il parcourut le couloir des arches tandis que Fay et les autres regardaient depuis l'ombre. Ses pas étaient doux, mais mortels. C'était comme si ses pieds entonnaient une *danse macabre* pour la course Tryllan .

Tyr a porté la jeune fille jusqu'à son avion à réaction caché parmi les rochers. Il la souleva dedans et se releva, les deux mains sur les poignées lisses en pâte à modeler. La porte claqua derrière lui.

Katha se laissa tomber dans un siège en cuir rouge devant un tableau de commande complexe. Ses doigts blancs touchaient des épingles. Le navire grondait et frémissait. Lentement, il avança, prenant de l'ampleur. Depuis la fenêtre bâbord, Tyr regardait le dôme blanc du Barrow s'effondrer en contrebas. Il tourna les yeux vers l'avant et la vit soulever l'avion au-dessus d'une frange d' *hibithus* pour se diriger vers le ciel sans nuages.

"Katha, je suis sans abri."

Sans abri et vagabond, sans peuple. Les Trylla avaient été son peuple, si jamais un dieu avait eu des gens. Maintenant, ils s'étaient retournés contre lui, avaient rompu avec lui et avaient même essayé de le tuer. Il y avait de l'amertume sur sa langue et dans son cœur. Une amertume qui brûlait et irritait.

Du plus profond de son angoisse, il s'écria : « Je veux faire partie de quelque chose, Katha ! Je ne suis ni Tryllan ni *Arth* . Que suis-je ?

La femme lui prit la main et la porta à ses lèvres. Elle murmura doucement : "Pour moi, tu es toujours un dieu, Tyr. Je t'aime. Tu m'aimes."

"Je t'ai. Oui, ça compense tout le reste."

Il soupira, "Mais je n'arrête pas de me dire que j'ai échoué. Que je n'ai pas fait tout ce que je pouvais pour libérer le Trylla ."

"Et la tour, Tyr ? Tu as dit qu'elle contenait des choses étranges. Peut-être que c'est une sorte de laboratoire. Je pourrais y faire des tests sur toi, chercher à connaître tes objectifs, tes capacités."

"Oui, la tour. J'avais oublié ça. Cela pourrait être notre maison. Une femme *ardue* et un… un inconnu !"

"Je ne *le suis* plus. J'ai abandonné ça quand je suis venu après toi. Je savais ce que je faisais."

Il s'agenouilla et l'attrapa en disant : « Il n'y a de place pour aucun de nous, sauf avec l'autre. Deux vagabonds.

"Deux vagabonds", soupira-t-elle. "Avec un but. Une croyance folle et insensée en eux-mêmes. Se battre même s'il n'y a aucune chance de victoire !"

La tour était maigre et solitaire, s'élevant dans un ciel bleu. La terre cuite se transformait en nuages sous leurs pieds alors qu'ils s'approchaient. La tour était solide et épaisse, et elle dominait la terre plate dans sa solitude. À cet égard, c'était un peu comme Tyr lui-même, pensa Katha. Elle étudia les contreforts plats et les fenêtres cintrées.

"C'est un homme *fou* qui a construit ça", a-t-elle déclaré.

"S'il l'a fait, il en a fait à la fois un laboratoire et une maison."

Katha fronça ses fins sourcils noirs. "Mais qui *a* jamais construit une telle tour sur Lyallar ?" elle se demandait.

Tyr poussa la grande porte en bois. La pièce ronde était murée de cadrans et de panneaux, fraîche et sombre. Il dégageait une odeur légère et musquée. Une table circulaire était couverte de fioles, de cloches et de cornues. Des étagères bordaient les murs et des bouteilles bordaient les étagères. De l'autre côté de la pièce, un escalier métallique serpentait vers les étages supérieurs.

Katha se promenait, le plaisir brillant dans ses yeux. Elle a soulevé des flacons et a senti des odeurs de produits chimiques. Un rire gargouilla dans sa gorge.

"Mais c'est merveilleux. C'est presque aussi complet que mon propre laboratoire. Maintenant, qui a construit cet endroit, Tyr ? Peux-tu me le dire ?"

Il lui montra un gros livre relié en cuir repoussé.

"Guillaume Rohrig !" s'écria-t-elle en voyant les lettres dorées gravées sur la couverture. "Eh bien… eh bien, c'était un génie *du génie* ! Nous nous demandions souvent ce qu'il était devenu ! Il devait se rendre à Antarès, pour étudier les conditions de vie sur l'une de ses planètes extérieures. Le commandant Mason serait ravi..."

Elle s'interrompit et jeta un coup d'œil de côté à Tyr.

Il a dit : « Sans moi, vous pourriez y retourner. Vous pourriez y aller n'importe comment. Je... »

Sa paume blanche lui couvrait la bouche. "Ne le dis pas, Tyr. Nous y arriverons, toi et moi."

"S'il y avait seulement un moyen par lequel je pouvais convaincre les *Arth* qu'eux et les Trylla pouvaient vivre en paix ! Les Trylla se méfient de moi et les *Arth* me détestent, car je menace leur pouvoir. Katha, Katha ! Il n'y a pas de réponse."

"Il y a toujours une réponse à un problème. Le seul problème, c'est qu'il faut beaucoup de temps pour la trouver."

Pendant que Tyr travaillait à la table, effectuant des tests et des expériences sous la direction de Katha, pour tester les pouvoirs de son esprit, Katha s'appropria la tour. La lumière du soleil baignait Tyr à travers une fenêtre ouverte. Au-dessus de lui, il entendait ses pas aller et venir , l'entendre soulever des objets et les cris de joie lorsqu'elle déterrait des cahiers qui avaient autrefois appartenu à Rohrig .

Ils passaient leurs journées à travailler et à rire. Katha a fait de nombreux tests sur lui, en disant : « Tu es un miracle biologique, chérie. Je ne connais pas grand-chose aux miracles, donc je dois apprendre, lentement et à tâtons.

Mais elle n'a jamais finalisé ses découvertes. Un jour, elle découvrit, caché dans un coin du grand bureau du deuxième étage, un vieux journal poussiéreux. Pendant trois heures, elle resta assise, fascinée, sans bouger, jusqu'à ce que Tyr vienne la chasser, inquiet de son silence. Il la trouva les larmes aux yeux, ses dents blanches mordillant sa lèvre inférieure pleine.

Elle leva les yeux vers son entrée en murmurant : « Connaissez-vous votre nom, Tyr ? Votre nom complet ?

"Tyr. Un anneau autour de mon cou le portait."

"Ce n'étaient que vos initiales. Votre vrai nom est Theodore Young Rohrig . Votre père était William Rohrig . Vous êtes *ardent* , Tyr!"

Il la regarda. Elle frappa dans ses mains, ses yeux noirs brillants.

"Il savait pour toi. Oh, il était brillant, Tyr... ou Ted ! Il connaissait ta fonction. Il t'a traité de mutant, chérie. Pas d'estomac, pas de poumons, pas besoin d'eau. L'homme du futur ! Je peux voir, maintenant que mes yeux se sont ouverts. C'est la Nature, qui recherche tout le temps la perfection, équipant ses produits du nécessaire pour s'adapter à leur environnement ! En toi, elle est l'homme apte au voyage dans l'espace, chérie !

" Là-bas, parmi les étoiles, sans poumons et sans besoin de nourriture ni d'eau, vous pourriez démonter un navire et vraiment voyager. Les années-lumière ne signifieraient rien pour vous. Juste une batterie de lampes solaires pour vous nourrir. Vous ne vieilliriez presque pas, car vous tirez votre chaleur de sources extérieures, au lieu de la générer dans vos tissus, comme le font les hommes normaux ! Vos organes transmettent simplement la chaleur et l'énergie à vos muscles et à votre cerveau. Il n'y a pas de nourriture. être digéré et transformé en énergie, transformé en énergie thermique dans les cellules. Votre énergie vient de l'extérieur ! »

« Vous donnez l'impression que cela est important. »

"C'est *important* ! J'ai l'impression de ne pas comprendre *à quel point* tu es vraiment important."

D'un ton sombre, il dit : « Maintenant, si seulement nous pouvions en convaincre les *Arth* et les Trylla !

Katha lui attrapa le bras et dit férocement : « Tyr... Ted... oh, je t'appellerai Tyr ! Tu ne peux pas abandonner. Tu dois te battre. Tous *sont* des combattants, Tyr. Ton père était un combattant. Il est venu ici avec sa femme parce qu'il avait la lèpre spatiale ! C'est vrai. Et sa femme est venue avec lui. Vous êtes né sur Lyallar - loin, si loin de votre planète natale. Il est mort il y a longtemps, William Rohrig , mais son cœur de combattant n'a pas disparu. Je ne mourrai pas."

Un ongle rouge s'enfonça dans la chair de sa poitrine. "Ce cœur est en toi, Tyr. Il veut se battre. Peut-être qu'il ne sait pas comment, mais tu n'es triste que pour cette raison. Tu ne te bats pas !"

Tyr murmura d'une voix rauque : " Dis -moi comment, Katha. Comment dois-je me battre ? "

"Comment veux-tu te battre ? Que te disent ton cœur et ton cerveau ?"

Il se leva et laissa la lumière du soleil frapper son front. Il faisait de plus en plus chaud alors qu'il se tenait là, et à l'intérieur de son crâne, il sentit quelque chose remuer, et il le savait pour son cerveau qui s'ouvrait. *Combattez-les là où ils sont le plus vulnérables, Tyr. Frappez-les en plein cœur !* La voix intérieure qui était sa pensée murmura à nouveau : *Détruisez la lueur !*

"Je dois détruire le Glow", lui dit-il.

Katha frissonna et murmura avec horreur : "Tu ne peux pas ! Tu en mourrais bien avant d'y arriver. La Lueur est terrible, géniale, Tyr !"

La lumière du soleil dessinait un motif sur sa poitrine alors qu'il se tournait. "Néanmoins, c'est ce que je dois faire."

La femme baissa la tête et lui prit la main.

La ville de Mart s'étendait comme une limace paresseuse dans la prairie. Les avions traversaient ses murs à toute vitesse, s'envolant vers des distances illimitées. Le bourdonnement profond des voix des commerçants qui appelaient leurs marchandises se mêlait au roulement doux des gyrocars, s'élevant pour former l'âme de la grande métropole. Des gardes armés résonnaient au sommet des murs pyramidaux.

Un homme de grande taille , vêtu comme un berger de montagne, avec un manteau et une capuche en laine, marchait à côté d'une femme qui marchait la tête baissée , s'accrochant à son bras. De temps en temps, la femme lui chuchotait, et l'homme tournait dans une autre rue.

Ils avaient de la poussière sur leurs manteaux et de la poussière sur leurs pieds, ces deux-là. Parfois, la femme trébuchait, car elle était actrice née. Pourtant, un avion gisait à moins de cinq kilomètres des murs de la ville, caché par des branches arrachées aux *hibithus* .

"Nous sommes presque à la Commune", murmura la femme.

"Il n'y a personne ici", a déclaré l'homme.

"Votre Trylla ne s'approche pas du bâtiment qui abrite le Glow. Ils le craignent trop."

Ils allèrent plus vite, allongeant le pas. En face d'un grand bâtiment blanc dont *la pierre portait* des lettres gravées dans la pierre, ils ralentirent et la femme reprit la parole.

"C'est là que se trouve la Lueur, cachée au plus profond des entrailles de la terre, sous la Citadelle. Il y a toujours des gardes là-bas. Il faut les vaincre."

L'homme rejeta la cape, révélant une grosse poitrine et de longs bras nus en dessous. Tête rejetée en arrière, il étudia le bâtiment avec impatience.

"Ils seront vaincus !"

La cape tomba jusqu'au drapeau et le géant doré disparut à grands pas qui le portèrent jusqu'aux portes de la Citadelle et à l'intérieur de celles-ci. La femme resta là à regarder, puis se pencha et souleva son manteau tombé, le jeta sur son bras et le suivit.

Dans l'obscurité de la Citadelle, Tyr marchait pieds nus, dans un silence étrange. Un garde s'approcha de lui et il s'élança dans l'ombre. Alors que le garde était à cinq pas, Tyr frappa.

Il baissa la garde et continua son chemin. Des voix venaient de devant lui.

"Ce Tyr saura à quel point les *Arth sont forts* quand il apprendra ce qui est arrivé à Zarman !"

"Oui ! Je me demande ce qu'il est devenu ? Est-il mort ?"

"Pas lui. Il attend son heure. Il espère un soulèvement de la Trylla !"

"Avec Zarman et son équipage qui doivent être exécutés aujourd'hui, quelle chance ont les Trylla ?"

Tyr fut transformé en pierre. Son cœur battait à tout rompre dans sa poitrine. Zarman à mourir ! Mais comment la *douleur l'avait* -elle emmené ? Une fois capturé, il serait deux fois plus méfiant ! Ses mains se levèrent dans l'ombre vers les gardes, mais il les tint immobiles.

Tyr se retourna et poursuivit son chemin.

Il ne connaissait pas les hommes dans la rue qui s'arrêtèrent brusquement et regardèrent Katha avec enthousiasme. Leurs pas alors qu'ils traversaient la rue en courant vers elle ne furent pas entendus par lui alors qu'il courait dans les couloirs de la Citadelle.

Katha n'avait aucune chance de crier. Un poignet lui coinça la gorge et une voix *rauque* murmura : « Traitresse !

Tyr a continué à courir.

Une forte pulsation résonnait dans les couloirs en acier, le long des pistes polies et dans les salles lambrissées de la Citadelle. Au plus profond, apparemment dans les entrailles de la planète, résonnaient le battement et le tonnerre monotones et effrayants du Glow, palpitant à un rythme puissant. Peu d'hommes restaient longtemps dans ce bâtiment et les gardes étaient changés toutes les quelques heures. Personne n'y avait jamais été confronté avec autant de joie que Tyr.

Ses pieds touchaient à peine le sol pendant qu'il courait. Il fléchit ses muscles, testant sa force. Il était en forme et prêt après une semaine passée sous un soleil de plomb, sous des lampes solaires disposées par Katha pour l'aider dans ses tests.

Un garde l'a aperçu et a tiré sur une arme à feu, mais Tyr a pris son visage dans la paume de sa main et s'est cogné la tête contre le mur d'acier poli, le laissant tremblant mais vivant. Tyr courait maintenant rapidement, descendant toujours plus bas le long des rampes, s'enfonçant plus profondément dans la terre.

Plus il allait loin, plus les battements et les rugissements devenaient maussades. Elle frappait les tempes, ébranlait les murs, déferlait tout autour.

Sur un linteau devant un ascenseur métallique était inscrit un mot *ardent* . Tyr savait que c'était l'avertissement du Glow. Mais il tendit la main, ouvrit la porte de l'ascenseur et entra. Il a lancé l'interrupteur.

Il y eut une sensation de chute pendant un moment, mais cela passa alors que Tyr se promenait dans sa petite cellule, faisant travailler ses bras et ses jambes. Il était tendu et excité, attendant, attendant. Ce devait être le test. Katha a dit que s'il survivait à cela, ce serait la sensation la plus merveilleuse de toute sa vie. Que cela le transmuerait, d'une manière alchimique.

Il faisait chaud maintenant. La voiture tombait de plus en plus vite. Tyr se demandait pourquoi tout le *monde prenait la peine d'avoir une voiture*. Si la Glow n'était qu'une rumeur, le *monde* devrait construire une nouvelle voiture à chaque fois que ce voyage était entrepris. Mais le rituel de la chose ! Les *Arths* doivent maintenir leur emprise superstitieuse sur les Trylla .

Il a souri. La *souffrance* ! Ils étaient sa race, un peuple qui vivait sur une planète appelée Terre. Cela ressemblait tellement au mot tryllan *ardth* , signifiant vieux, que les Trylla les avaient toujours appelés ainsi. Même les Terriens acceptèrent ce terme.

La voiture était chaude, comme une monstrueuse bulle d'air enflammée. La lumière, jaune, brillante et aveuglante, s'infiltrait par les fissures des joints de la porte.

Le métal de la voiture devenait rouge, devenant rose cerise, passant à un bleu froid, puis à un blanc pâle.

Dans l'Auditorium des Ancêtres, le Commandant de l'Espace Mason était assis langoureusement sur le trône d'ivoire à haut dossier sous un dais voûté. Devant lui se trouvaient des officiers *de police* en uniforme magnifique , le dos raide alors qu'ils faisaient face à la jeune fille aux cheveux noirs et aux yeux noirs.

À quinze pieds du trône, Katha se tenait la tête rejetée en arrière, souriant au commandant Mason. "Vos hommes sont efficaces, Space Commander", dit-elle. "Ils m'ont trouvé dans la rue."

"Il n'y a personne d'aussi charmant que Katha parmi les *gens* ", sourit Mason. "Il n'y a personne d'aussi traître non plus."

"J'ai fui vers Tyr parce que je sentais qu'il nous était utile. Il est — et sera une aide. Il est maintenant parti pour détruire la Lueur."

Mason se leva de son siège dans une formidable explosion de vitesse. Ses mains attrapèrent ses bras.

"Détruisez la lueur ? Êtes-vous fou ? Vraiment ? Rien ne peut détruire la lueur ! Quel secret connaît-il ?"

"Aucun secret, à part lui-même. Il s'appelle Tyr."

Mason serra le poing et dit : « Vous avez dit qu'il pouvait nous aider. Cela ne sert à rien de détruire le Glow !

"Il ne peut pas le détruire. Il l'apprendra !"

"Je pense qu'il le fera aussi. Cela le détruira, bien avant qu'il ne l'atteigne. Mais j'ai assez parlé avec vous. Vous devez mourir pour des actions menées au détriment du bien-être de la *planète* ."

Le commandant de l'espace Mason a applaudi. Les gardes sont entrés dans l'embrasure d'une porte et derrière eux venaient des hommes en haillons, fouettés dans le dos, ensanglantés et portant des menottes. Katha se dirigea vers eux, avant que Mason ne la rattrape.

Elle a appelé : « Lequel d'entre vous est Zarman ?

Un grand homme releva un visage tuméfié par les coups. Ses yeux étaient maussades alors qu'il regardait à travers la pièce, un groupe de Trylla vêtus de vêtements en soie arc-en-ciel. Otho sourit à côté de Fay, qui portait un gigantesque collier d'émeraude sur sa gorge blanche. Sa main le toucha avec amour. Sur sa main brillait un anneau d'or sur lequel étaient gravées les lettres TYR .

"Elle porte l'anneau de Tyr", dit Zarman d'une voix rauque . "Elle est venue nous voir avec un message mensonger et nous l'avons cru. Elle nous a conduits vers... le *monde* !"

Fay jeta ses boucles blondes avec indifférence et baissa les yeux sur le collier qui avait appartenu à la reine Yatha-sath .

Le commandant Mason s'éclaircit la gorge.

"Emmenez-les tous, y compris Katha, sur la Place des Mourants. Nous assisterons à leur pendaison ensemble."

Tyr éclata de rire et s'étira, sentant un enfer fou de feu l'envahir. Ses pores s'ouvraient, un à un, acceptant cette insensée incandescence avec une faim étrange et étrangère. Un homme serait mort de folie il y a longtemps, mais Tyr n'est pas mort.

Il regarda le métal de la voiture se transformer en gouttelettes de métal fondues et globuleuses qui se gonflaient, suintaient et bouillonnaient. Un câble s'est rompu et la voiture s'est libérée.

Il y avait de la luminosité ici, tout autour de lui alors qu'il regardait la voiture s'embraser de couleurs éclatantes. Les teintes irisées de rouge, de bleu et de blanc brillèrent pendant un instant frémissant, puis se transformèrent en une brume qui ressemblait à un bain de minuscules grains de couleur.

Tyr attrapa un affleurement de roche volcanique et s'y accrocha. Il se souleva et se tint sur un rebord de pierre.

Sous lui, suspendu dans un gouffre puissant, se trouvait le Glow.

The Glow était un petit soleil !

Il était suspendu dans un abîme sans fin. Il palpitait, palpitait et frémissait, et projetait des banderoles de feu vers le haut et autour de lui. De son noyau en mouvement, les langues bondissantes jaillissaient, dépensant leur énergie et, par leur propre chaleur inconcevable, rétablissant les éléments pour recommencer le processus.

Il y a bien longtemps, les Terriens ont découvert l'énergie solaire. Lorsque DeVries a inventé la cellule d'ombre multilinéaire, il a découvert qu'elle contenait des hordes d'atomes d'hydrogène qui pourraient être chauffés à un point qui en ferait un soleil atomique. À partir de ces fragments de puissance, les scientifiques ont construit leurs propres petits soleils et les ont suspendus dans de profonds abîmes. De leur pouvoir éternel, ils ont puisé l'énergie nécessaire au fonctionnement de leurs machines et à l'éclairage de leurs maisons. Ils alimentaient en énergie solaire des tentacules de carborungstène filé dans des générateurs et des dynamos.

Les Terriens emportèrent ces soleils avec eux à travers les vides, jusqu'à des planètes comme Lyallar , et les enfilèrent dans leurs gouffres les plus profonds. Et où allaient les soleils, ils étaient des objets de terreur et de respect.

Celui-ci n'était pas un objet de crainte pour Tyr.

Debout sur le rebord du rocher, il rit et leva les bras, et sentit cette chaleur et cette énergie titanesques couler directement en lui. Tyr n'avait pas besoin de câbles en carbure de tungstène pour alimenter la dynamo de son corps. Les follicules de sa peau ouvrirent leur bouche affamée et aspirèrent cette énergie en lui.

Tyr se transformait, debout là.

Il devenait l'énergie elle-même, chaque pore et organe de lui se remplissant à pleine capacité de la chaleur et de la lumière de cet orbe brillant. Il a été chargé à craquer.

Tyr se tourna vers le mur de pierre déchiqueté et commença à grimper.

Une potence se dressait sur la Place des Mourants, levant ses bras noirs vers un ciel bleu. À la traverse pendaient des nœuds coulants en pâte à modeler, comme des toiles argentées. Des hommes et une femme se tenaient sous ces cerceaux en plastique transparent, sur une plate-forme surélevée.

Le Commandant de l'Espace Mason dit à Katha : "Tu réalises maintenant que ton homme-dieu Tyr n'est rien comparé à la *terre* ?"

"Tyr est le seul espoir que nous *ayons* ", murmura-t-elle. "Je vous ai dit que son père était William Rohrig ."

"Une histoire faite pour m'étonner. Je ne vous crois pas."

"Je vous ai dit en quoi son corps est différent, qu'il peut absorber l'énergie solaire et la traduire en énergie humaine sans usure de son système. Qu'il est l'homme du futur, l'homme dans un corps équipé pour s'aventurer dans l'espace, bien au-delà de là où nous sommes allés. »

"Je n'y crois toujours pas."

Un homme est venu et a passé la corde autour du cou de la femme. Elle secoua la tête alors qu'il l'aurait recouverte d'un masque violet.

"Je vous le dis maintenant, Commandant Mason, le seul qui peut renouveler les Glows est Tyr. Nos électro- astrogines nous ont informés que les éléments nécessaires à la création de nouveaux Glows n'existent que sur les planètes proches des grands soleils. Chaque expédition que nous avons envoyés sur ces planètes périssaient de chaleur avant de les atteindre.

"Un seul homme pourrait faire un tel voyage : Tyr."

Mason lui sourit. "Tu es folle, Katha. Bourreau, lance le verrou." Le bourreau posa la main sur le levier et le renversa.

Tyr gravit rapidement le rocher noir. Les mains et les pieds cherchaient et trouvaient des niches dans la surface rugueuse. Il montait de plus en plus . Un jour, il se tenait sur un rebord étroit et tendait le cou, fixant l'obscurité là où les câbles en carbure de tungstène ouvraient leurs orifices sombres. Il allait là-haut, jusqu'à ces câbles, et les arrachait. Il briserait les dynamos et rien ne pourrait l'arrêter.

Il passa par-dessus le rebord d'une embouchure de câble métallique, et ses mains brillèrent dans l'obscurité tandis qu'il saisissait les fils et les tirait, les arrachant des douilles soudées. Il déchirait et brisait avec ses mains brillantes, les passant sous et par-dessus les câbles et déchirant.

Tout en détruisant, il marchait. Avec ses poings, il frappa un mur de métal et le brisa. Il entra et se dirigea vers les dynamos qui tournaient paresseusement. Certains d'entre eux s'étaient déjà arrêtés.

Tyr toucha les moteurs avec ses mains et invoqua les énergies de son corps. Le métal craqua sous la pression de cette puissance surhumaine. Boîtiers fendus et roulements froissés.

Tyr continua son chemin.

Le bourreau a lancé le levier et rien ne s'est produit. Katha rit doucement, et il y avait une lumière dans ses yeux sombres qui faisait désirer Space Commander.

Elle murmura : « Il a gagné ! »

Mason a hurlé : « Jetez les moteurs auxiliaires ! »

Mais les moteurs auxiliaires étaient également morts. Maintenant, les hommes *de terre* murmuraient et chuchotaient entre eux, car le calme surnaturel de la Citadelle leur martelait les tympans.

Des pas résonnaient sur le drapeau.

Quelque chose de grand et de brillant traversait la Rue de l'Espace et entrait sur la Place. Il avait la forme d'un homme, mais son jaune brillant était si brillant qu'il faisait mal aux yeux de le voir.

« Tyr ! » cria Katha.

Le commandant de l'espace Mason frissonna et posa une main tremblante sur ses yeux. Il paraissait plus petit, frêle dans son manteau sombre, debout devant le géant qui s'avançait vers lui. Ses officiers s'éloignèrent de lui lorsque Tyr arriva. D'un côté, une jeune fille avec un collier d'émeraude tomba et gisait en tas sur le sol.

Un rugissement s'échappa de la gorge des Tryllans menottés.

"Notre dieu est venu pour se venger !"

"Cédez, espèce *d'ardth* ! Cédez à Tyr !"

"Voyez comme il brille dans sa gloire !"

À vingt pieds de Mason, Tyr s'arrêta, de peur que la chaleur émise par son corps ne fasse exploser l'homme.

"Libérez Katha, Zarman et les autres", dit le géant jaune.

Mason hocha la tête.

"Restez loin de moi", prévint-il Katha, la voyant sauter de l'estrade de la potence. "Je suis toujours surchargé d'énergie. Elle va s'estomper dans un petit moment. Attendez."

Tyr regarda Mason.

" Zarman sera gouverneur de Lyallar . Otho doit mourir. Fay—Fay sera bannie pour sa trahison. Laissez-la garder les émeraudes. Elle mourra si nous les lui prenons. Les Trylla vivront en paix et en amitié avec les peuples de la Terre. . C'est ma commande.

Zarman s'avança et tendit la main au Space Commander Mason qui la prit pensivement. L'homme au crâne chauve se tourna vers Tyr.

"Alors c'est vrai ce que Katha a dit ? Tu *peux* t'approcher du soleil ? Cela rend ton corps comme… ça ?"

"Il le remplit de chaleur et de lumière. Et la chaleur et la lumière sont de l'énergie. Mon corps est de l'énergie, en ce moment. Plus tard, ce pic d'énergie pure s'estompera. Il reprendra son aspect normal. Mais potentiellement, il est toujours comme vous le voyez. maintenant... il suffit d'un soleil pour qu'il en soit ainsi.

Katha regarda Mason, à travers les pavés de la place.

Elle dit : "Je vous ai dit que c'est Tyr qui renouvelle les Glows. Il ne mourrait pas sur une planète suffisamment proche du soleil pour les éléments dont nous avons besoin."

"Je vais le faire", a accepté Tyr. "Je ne suis plus le dieu des Trylla . Je leur ai apporté leur liberté. Je me suis acquitté de la responsabilité qu'ils m'ont confiée lorsqu'ils ont fait de moi leur dieu.

"Mon père était *dur* . Moi aussi, je suis *dur* . Si je peux sauver le *monde* , je le ferai."

Il s'est tourné vers le commandant Mason et a dit . "Et étant un *ardent* , je suis sous vos ordres, monsieur."

Mason inspira profondément, ôta son chapeau et passa la main sur son crâne chauve. Son visage se plissa d'étonnement, se transformant en un sourire timide.

"Mes ordres, Tyr ? Hmm. La première chose que tu devrais faire est de te calmer. Ensuite, quand tu seras capable de le faire en toute sécurité, prends cette femme Katha dans tes bras et embrasse-la pour sa confiance en toi ! Après ça — tu pourrais envisager de t'accoupler avec elle. Tes enfants porteront un flambeau, Tyr. Jusqu'aux véritables extrémités du monde.